留学生汉语本科系列教材

中国现代文学

郭建玲◎编著

上海教育出版社
SHANGHAI EDUCATIONAL
PUBLISHING HOUSE

图书在版编目（CIP）数据

中国现代文学 / 郭建玲编著. — 上海：上海教育出版社，2022.3
ISBN 978-7-5444-9796-1

Ⅰ. ①中… Ⅱ. ①郭… Ⅲ. ①中国文学 - 现代文学 - 对外汉语教学 - 高等学校 - 教材 Ⅳ. ①H195.4

中国版本图书馆CIP数据核字(2022)第049953号

策划编辑　杨林成
责任编辑　李梦露
封面设计　王　捷

中国现代文学
郭建玲　编著

出版发行　上海教育出版社有限公司
官　　网　www.seph.com.cn
地　　址　上海市闵行区号景路159弄C座
邮　　编　201101
印　　刷　上海景条印刷有限公司
开　　本　700×1000　1/16　印张 13
字　　数　185 千字
版　　次　2022年6月第1版
印　　次　2022年6月第1次印刷
书　　号　ISBN 978-7-5444-9796-1/G·8086
定　　价　59.00 元

如发现质量问题，读者可向本社调换　电话：021-64373213

编者说明

《中国现代文学》根据外国学习者的水平、特点和需求，将对外汉语教学与中国现代文学教学有机地结合起来，以精炼准确、浅显易懂的语言介绍中国现代文学三十年发展的基本历史线索，介绍重要的文学流派及代表作家的创作，将文学史基础知识和作家作品赏析结合起来，注重中国作家的留学背景及中西文学交流的特点，并引入海外汉学研究的成果，借助学生的跨文化背景，激发学生从本国文学和文化出发，对中国现代文学进行跨文化理解与思考。

本教材共15章，适合一个学期使用。每章的课文是教材的主体部分，以通俗易懂的语言介绍中国现代文学史的基本知识以及代表作家的创作。课文后选取了推进文学史发展的重要文章或代表作家代表作品的经典片段，作为学生经典阅读理解的材料，并配有经典讲读的视频资源，方便学生理解。这样的设计，既考虑了高年级外国学生语言学习的需要，也顾及了用汉语教授文学课的要求。课后练习设计了填空题，帮助学习者巩固文学史知识，并根据课文内容设计了论述题和口语表达题，引导学生用中文成段表达自己的想法。论述题和口语表达题也可以用来作为学生专题讨论、专题研究或作文的题目，增进学生对中国现代文学的理解以及对中国社会的认识。

本教材适用于在中国或在海外高校、孔子学院、中国文化中心等机构学习的中高级水平汉语学习者，同样也适用于对中国现代文学感兴趣的华人华裔、高校非中文专业的本专科学生以及广泛的文学爱好者。

此外，本教材配有立体、丰富的免费线上教学资源，包括主课文视频、经典讲读视频、经典原文诵读音频、资源库、线上习题等，方便学习者配套学习或自学。

如何获取线上教学资源？

方法一： PC端可直接登录“学银在线”网站：https://www.xueyinonline.com/detail/219670923，注册账号后点击“加入课程”即可。

方法二：手机端可先在应用商城下载“学习通”APP，然后在“学习通”内扫描下图二维码，或直接输入邀请码：51712024，即可加入课程。

目　录

绪论 ………………………………………………………………………… 001

第一章 ……………………………………………………………………… 007

1.1　文学革命与中国现代文学的开端 ………………………………… 009

1.2　经典讲读视频 ………………………………………………………… 013

1.3　经典阅读：《中国新文学大系·建设理论集导言》片段、胡适《建设的文学革命论》片段 ………………………………………………… 014

第二章 ……………………………………………………………………… 019

2.1　鲁迅：中国现代文学的开创者与“民族魂”…………………………… 021

2.2　经典讲读视频 ………………………………………………………… 025

2.3　经典阅读：鲁迅《祝福》片段、《阿长与〈山海经〉》片段、《立论》 ……………………………………………………………………… 027

第三章 ……………………………………………………………………… 033

3.1　新诗的发展与新月派的诗 ………………………………………… 035

3.2　经典讲读视频 ………………………………………………………… 040

3.3　经典阅读：徐志摩《再别康桥》……………………………………… 041

第四章 …… 045

4.1 左翼革命文学与先锋派作家 …… 047

4.2 经典讲读视频 …… 051

4.3 经典阅读：柔石《为奴隶的母亲》片段 …… 052

第五章 …… 055

5.1 茅盾：中国现代史的文学记录者 …… 057

5.2 经典讲读视频 …… 062

5.3 经典阅读：茅盾《子夜》片段 …… 063

第六章 …… 067

6.1 巴金：燃烧青春的赞歌 …… 069

6.2 经典讲读视频 …… 073

6.3 经典阅读：巴金《家》片段、《寒夜》片段 …… 074

第七章 …… 079

7.1 老舍与老北京的市民世界 …… 081

7.2 经典讲读视频 …… 085

7.3 经典阅读：老舍《骆驼祥子》片段 …… 086

第八章 …… 091

8.1 “乡下绅士”沈从文的湘西世界 …… 093

8.2 经典讲读视频 …… 097

8.3 经典阅读：沈从文《边城》片段 …… 098

第九章 ······ 103
9.1　曹禺：传统与现代之间的话剧实践 ······ 105
9.2　经典讲读视频 ······ 109
9.3　经典阅读：曹禺《雷雨》片段 ······ 110

第十章 ······ 121
10.1　抗战时期的中国文学 ······ 123
10.2　抗战时期的中国文学：国统区文学 ······ 125
10.3　抗战时期的中国文学：解放区文学 ······ 129
10.4　抗战时期的中国文学："孤岛"与沦陷区文学 ······ 133
10.5　大地之爱——走访艾青故居视频 ······ 137
10.6　光的赞歌——走访艾青文化公园视频 ······ 138
10.7　经典阅读：艾青《我爱这土地》 ······ 139

第十一章 ······ 141
11.1　穆旦：防空洞里的抒情诗人 ······ 143
11.2　经典讲读视频 ······ 147
11.3　经典阅读：穆旦《赞美》 ······ 148

第十二章 ······ 153
12.1　写在人生边上：钱钟书与《围城》 ······ 155
12.2　经典阅读：钱钟书《围城》片段 ······ 159

第十三章 ······ 165
13.1　烬余录：张爱玲的传奇人生与小说《传奇》 ······ 167

13.2 经典讲读视频 …… 172
13.3 经典阅读：张爱玲《封锁》片段 …… 173

第十四章 …… 177
14.1 赵树理：解放区文学的新星 …… 179
14.2 经典讲读视频 …… 184
14.3 经典阅读：赵树理《小二黑结婚》片段 …… 185

第十五章 …… 189
15.1 第一次文代会：走向当代文学 …… 191

参考书目 …… 197

中国现代文学

绪论

中国现代文学以1917年的文学革命为开端，到1949年7月召开的第一次全国文学艺术工作者代表大会结束，前后不过30多年的时间。相对于漫长的中国古代文学而言，中国现代文学的时间很短，但在整个中国文学的发展历史上，它与古代文学的地位一样重要，因为它几乎彻底改变了长达2 000多年的中国古代文学的面貌，而且至今对中国文学的发展产生着深远的影响。

"中国现代文学"用英语说，叫作"Modern Chinese literature"。跟古代文学相比，它的"现代"特征表现在哪里呢？概括地说，它是"用现代文学语言和文学形式，表达现代中国人的思想、情感和心理的文学"。首先，现代文学的语言是白话文，而不再是古代文学使用的与人们平常说话不一致的文言文。其次，现代文学出现了短篇小说、话剧等新的形式，长篇小说也不再是古代文学常用的章回体。当然，最重要的是，现代文学表达了现代人的思想感情。

20世纪初，中国社会发生了史无前例的巨大变革。在政治上，推翻了2 000多年皇帝当权的封建制度；在经济上，西方工业进入中国，民族工商业也获得了一定的发展；在教育上，结束了决定知识分子命运的全国科举考试，女性也获得了受教育的权利和机会；在观念上，自由、民主、平等、科学等西方的思想和文化被大量地引介到中国，整个社会出现了思想比较自由的局面。中国现代作家绝大部分都有出国留学的经历，或者留学日本，或者留学欧美，即使没有出国留学的作家，也对国际社会和世界文学有很多的接触；同时，他们又密切关注中国社会的现实发展和深刻变革。所以说，中国现代作家是一群有着国际视野、中国情怀的新型现代知识分子，他们思考如何以文学的方式去表现甚至解决社会问题，探索中国未来的发展道路以及现代中国人的心灵世界，贡献了各具特色的现代文学作品。

外国学生为什么要学习中国现代文学？原因有三个：第一，学习现代汉语要学习中国现代文学。不论是到中国留学，还是在本国学习汉语，大家学习的普通话是"以典范的现代白话文著作为语法规范的"，大家使用的综合课、阅读课的课本，很多课文也是中国现代文学的作品，比如胡适的《差不多先生传》、鲁迅的《祝福》等。跟我们平常说话使用的口语相比，现代文学作品的词汇更丰富，语言更优美，语境更立体，可以帮助大家更加地道、得体地用汉语进行表达。第二，了解中国社会要学习中国现代文学。学习一门外语，不仅要说好这种语言，更要了解这门语言所在国家的历史与文化。中国从古代社会进入现代社会，政治、经济、思想、文化等各个方面都发生了深刻而复杂的变化，现代文学作品以最生动形象的方式反映了这个历史的转折过程，可以帮助大家以比较容易的方式了解中国社会的变革。第三，学习中国现代文学可以帮助大家更好地理解中国与世界的关系。与很多第三世界国家文学的现代化进程差不多，中国现代文学是在西方文学的广泛影响下发展起来的，在中国文学固有的传统和西方文学的资源之间探索出了一条现代化的道路。学习中国现代文学，可以帮助大家透过文学的窗口，理解中国与世界的关系，了解世界文学之间的共性与差异。

外国学生怎么学好中国现代文学？首先，通过这本教材了解中国现代文学发展的基本线索，了解一些重要的文学运动、文学社团和文学思想。其次，了解重要的作家，阅读他们的代表作品，了解这个作家在现代文学史上的独特贡献。最后，进行跨文化的理解和思考。外国学生有着自己的文化背景，如果在学习中国现代文学的时候，能够与本国的作家作品进行比较，会提高跨文化理解的意识和能力，做一个能进行文化沟通与交流的真正的“中国通”。

练习

一、填空题

1. 中国现代文学以(　　　)年的文学革命为开端，以(　　　)年的“第一次文代会”为终点。
2. 中国现代文学从特征上说，是用现代的(　　　)和现代的(　　　)，来表达现代人的(　　　　　　　　　)的文学。

二、简答题

1. 请写一写，作为一名外国人，学习中国现代文学对你有什么作用？

三、论述题

1. 请结合你学习汉语的经历和体会，说一说，怎样成为一名真正的“中国通”？

第一章

中国现代文学

1.1　文学革命与中国现代文学的开端

1917 年的文学革命是中国新文学的开端，至此，中国古代文学终于被现代文学所取代，中国文学进入了一个新的发展时期。

文学革命不是一蹴而就的，而是在清末民初思想变革的历史条件下发生的。1911 年辛亥革命爆发，推翻了中国最后一个封建王朝——清朝，结束了中国 2 000 多年的封建制度，成立了中华民国。晚清民初的一些有识之士开始提倡白话文，翻译国外的小说，创办报纸杂志，希望从内部对中国古典文学进行一些调整与改善。这些尝试虽然没有从根本上挑战和动摇传统文学，却为文学革命的发生准备了条件。先进的知识分子认识到，晚清以来中国学习西方的政治制度、先进技术，之所以屡屡失败，其根本原因是民众的思想还是受到"三纲五常"等封建伦理思想的束缚，如果思想上不改变，中国就无法真正进入现代社会，所以，他们要来一场启蒙民众思想、解放国民精神的新文化运动。

1915 年 9 月，陈独秀在上海创办了《青年杂志》，后来改名为《新青年》，拉开了新文化运动的序幕。《新青年》大力倡导西方的民主与科学精神，引进西方的个性解放思想、自由平等学说，人道主义、进化论、社会主义等理论，反对扼杀人性的封建传统道德，反对外来侵略与殖民主义，主张民族的独立解放，关注教育、劳工、妇女、儿童等各种现实的社会问题。在新文化运动的倡导者们看来，对西方新思想的输入和对封建旧思想的批判，必须对宣扬传统道德的封建旧文学发起进攻，寻求新的语言和文学的工具，于是，反对文言文、提倡白话文，反对旧文学、提倡新文学的文学革命登上了新文化运动的舞台。

陈独秀

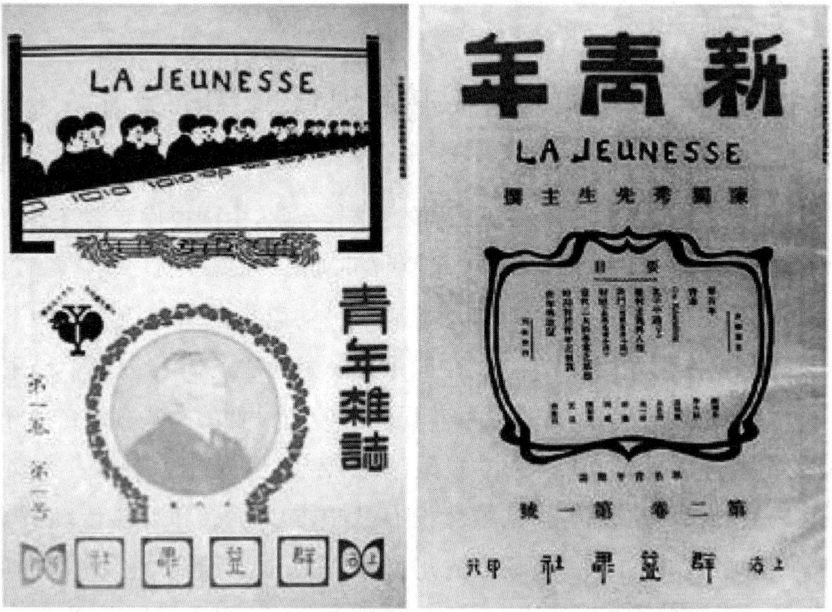

1917 年 1 月,《新青年》发表了美国哥伦比亚大学中国留学生胡适博士的来稿《文学改良刍议》。“改良”的意思是在原来的基础上进一步优化;“刍议”的意思是谦虚地称自己的意见是不成熟的看法。虽然胡适给自己的文章起了这样一个温和的题目,但他的观点却非常具有革命性。这篇文章有三点功绩:第一,提出文学历史进化观,认为“一时代有一时代之文学”,“今日之中国,当造今日之文学”,主张“白话文学为中国文学之正宗”。第二,提出“文言合一”,话怎么说,文章怎么写,批判中国古代文学一直以来“言文分离”的做法。第三,批判了一些旧文学技巧,代之以新技巧,提出作文要言之有物,不无病呻吟,不避俗字俗语等八点看法。接着,陈独秀在下一期《新青年》上发表《文学革命论》进行声援,批判“文以载道”或“游戏消遣”的文学观,倡导反映社会人生、改造国民精神的写实文学。这两篇文章成了文学革命的纲领和宣言。1918 年 12 月,周作人发表《人的文学》,将欧洲文艺复兴中人道主义的文学观念引进到中国文学,使文学革命不仅有语言、形式的倡导,更有了思想内容的具体要求。

五四运动(人民英雄纪念碑上的浮雕)

紧接着理论的倡导,开始了新的文学创作的实践。1917年2月,《新青年》刊出胡适的八首白话诗词,这是新文学最早的白话诗。1918年5月,鲁迅在《新青年》发表了中国现代文学史上第一篇白话短篇小说《狂人日记》,揭露"吃人"的封建礼教和制度。中国现代文学迈出了艰辛的第一步。

1919年1月18日在巴黎凡尔赛宫召开的第一次世界大战战后协约会议(巴黎和会),将战前德国在山东的特权转交给日本,严重损害了中国的利益。中国在外交上的失败,在北京引发了一场以青年学生为主的"五四"爱国学生运动。"五四"运动极大地推动了文学革命的发展,各地爱国学生团体纷纷效仿《新青年》,创办白话报刊,连《小说月报》等原先使用文言文的一些大型刊物也开始改用白话文。各地涌现出了大量的新文学社团,其中最著名的有在北京成立的文学研究会、在东京成立的创造社等。作家们以自己的文学创作,丰富了文学革命的成果。1920年1月,当时的教育部颁令全国低年级国文课本一律使用白话。1924年出版的中学语文课本甚至收入了一些新文学作家的作品。通过这些渠道,由文学革命开辟的中国现代文学披荆斩棘,走上了迅速发展的道路。所以,文学革命又称为"五四"文学革命。

练习

一、填空题

1. 1915 年 9 月,(　　)在上海创办了《青年杂志》,后来改名为(　　),拉开了新文化运动的序幕。
2. 文学革命最重要的主张是:反对文言文,提倡(　　);反对旧文学,提倡(　　)。
3. 文学革命最重要的三篇理论文章分别是:胡适的(　　)、陈独秀的(　　)和周作人的(　　)。
4. 1918 年 5 月,(　　)在《新青年》发表了中国现代文学史上第一篇白话短篇小说《狂人日记》,标志着文学革命取得了创作上的成绩。

二、简答题

1. 胡适《文学改良刍议》这篇文章的革命性观点是什么?

三、论述题

1. 为什么"文学革命"又被称为"五四"文学革命?
2. 毛泽东 1936 年在延安时对美国记者埃德加·斯诺回忆说:"我非常敬佩胡适和陈独秀的文章。他们代替了被我抛弃的梁启超和康有为,一时成了我的楷模。"观看电视剧《觉醒年代》中关于毛泽东到北京大学学习的经历,说一说新文化运动对青年人的重要影响。

1.2 经典讲读视频

本视频讲读了胡适为《中国新文学大系·建设理论集》写的导言和《建设的文学革命论》两篇文章，时长约15分钟。

胡适是文学革命中的先锋人物，对文学革命的发生和推进起到了至关重要的作用。在《文学改良刍议》发表一年多后，胡适在《新青年》上又发表了一篇重要的文章《建设的文学革命论》。这篇文章提出，提倡文学革命的人，既要从破坏的方面入手，更要从建设的方面下功夫，所以，这篇文章的关键词就是“建设”。胡适一方面从研究中国文学的经验出发，另一方面，借鉴欧洲各个国家国语运动的做法，主张大家从写作“国语的文学”着手，来建设“文学的国语”，将文学革命与国语运动结合起来，扩大了文学革命的影响。

有人说，胡适二十六七岁就成为了新文学、新思想的领导人物，是因为文学革命而“暴得大名”。视频通过讲读胡适《导言》中关于文学革命的回忆，对这个说法做了分析。胡适总结了促进文学革命发生的政治、经济等外部原因，也客观评价了他和陈独秀等人在文学革命中的作用。读了《导言》中胡适谈文学革命的文字和节选的《建设的文学革命论》，大家对文学革命的发生以及胡适的历史贡献会有更多的了解，对胡适身体力行提倡白话文会有更真切的认识。

1.3 经典阅读:《中国新文学大系·建设理论集导言》片段、胡适《建设的文学革命论》片段

(1)《中国新文学大系·建设理论集导言》(节选)

文学史上的变迁……其中各有多元的,个别的,个人传记的原因,都不能用一个“最后之因”去解释说明。

中国白话文学的运动当然不完全是我们几个人闹出来的,因为这里的因子是很复杂的。我们至少可以指出这些最重要的因子:第一是我们有了一千多年的白话文学作品:禅门语录,理学语录,白话诗调曲子,白话小说。……第二是我们的老祖宗在两千年之中,渐渐的把一种大同小异的“官话”推行到了全国的绝大部分。……第三是我们的海禁开了,和世界文化接触了,有了参考比较的资料,尤其是欧洲近代国家的国语文学次第产生的历史,使我们明了

我们自己的国语文学的历史，使我们放胆主张建立我们自己的文学革命。……

此外，还有几十年的政治的原因。第一是科举制度的废除(1905)。……第二是满清帝室的颠覆，专制政治的根本推翻，中华民国的成立(1911—1912)。这个政治大革命虽然不算大成功，然而它是后来种种革新事业的总出发点。

……

至于我们几个发难的人，我们也不用太妄自菲薄，把一切都归到那“最后之因”。……

白话文的局面，若没有“胡适之陈独秀一班人”，至少也得迟出现二三十年。

(2) 胡适《建设的文学革命论》(节选)

我的“建设新文学论”的唯一宗旨只有十个大字：“国语的文学，文学的国语。”我们所提倡的文学革命，只是要替中国创造一种国语的文学。有了国语的文学，方才可有文学的国语。有了文学的国语，我们的国语才可算得真正国语。国语没有文学，便没有生命，便没有价值，便不能成立，便不能发达。……

……

有些人说：“若要用国语做文学，总须先有国语。如今没有标准的国语，如何能有国语的文学呢？”我说这话似乎有理，其实不然。国语不是单靠几位言语学的专门家就能造得成的；也不是单靠几本国语教科书和几部国语字典就能造成的。若要造国语，先须造国语的文学。有了国语的文学，自然有国语。这话初听了似乎不通。但是列位仔细想想便可明白了。天下的人谁肯从国语教科书和国语字典里面学习国语？所以国语教科书和国语字典，虽是很要紧，决不是造国语的利器。真正有功效有势力的国语教科书，便是国语的文学；便是国语的小说，诗文，戏本。国语的小说，诗文，戏本通行之日，便是中国国语成立之时。试问我们今日居然能拿起笔来做几篇白话文章，居然能写得出好几百个白话的字，可是从什么白话教科书上学来的吗？可不是从《水浒传》《西游记》《红楼梦》《儒林外史》……等书学来的吗？这些白话文学的势力，比什么字典教科书都还大几百倍。字典说“这”字该读“鱼彦反”，我们偏读他做“者个”的者字。字典说“么”字是“细小”，我们偏把他用作“什么”“那么”的么字。字典说“没”字是“沉也”，“尽也”，我们偏用他做“无有”的无字解。《字典》说“的”字有许多意义，我们偏把他用来代文言的“之”字，“者”字，“所”字和“徐徐尔，纵纵尔”的“尔”字。……总而言之，我们今日所用的“标准白话”，都是这几部白话的文学定下来的。我们今日要想重新规定一种“标准国语”，还须先造无数国语的《水浒传》《西游记》《儒林外史》《红楼梦》。

所以我以为我们提倡新文学的人，尽可不必问今日中国有无标准国语。我们尽可努力去做白话的文学。我们可尽量采用《水浒传》《西游记》《儒林外史》《红楼梦》的白话。有不合今日的用的，便不用他；有不够用的，便用今日的白话来补助；有不得不用文言的，便用文言来补助。这样做去，决不愁语言文字不够用，也决不用愁没有标准白话。中国将来的新文学用的白话，就是将来中国的标准国语。造中国将来白话文学的人，就是制定标准国语的人。

练习

一、简答题

1. 在《中国新文学大系·建设理论集导言》中，胡适从社会和政治方面，概括了中国白话文运动发生的哪五个原因？
2. “妄自菲薄”这个成语是什么意思？胡适是怎么评价他和陈独秀等人在白话文运动中的历史作用的？
3. 在《建设的文学革命论》这篇文章中，胡适提倡的“国语的文学”和“文学的国语”分别是什么意思？它们之间是怎样的关系？

二、论述题

1. 胡适认为，提倡新文学的人怎样通过创作白话文学，来建设将来标准的国语？
2. 你认同胡适的观点吗？你们国家的国语是什么？它是怎么确定、普及的？

中国现代文学

第二章

2.1　鲁迅：中国现代文学的开创者与“民族魂”

鲁迅是20世纪中国最伟大的思想家和文学家，但鲁迅走上文学创作的道路不是一帆风顺的。

鲁迅

鲁迅原名周树人，1881年出生于浙江绍兴的一个小康之家，从小受到传统文化和民间文化的熏陶。因家道中落，作为长子的鲁迅过早地承担起家庭的重负，饱受族人的冷眼。1898年，鲁迅决定离开家乡，“走异路，逃异地，去寻求别样的人们”。他到南京读实用的矿务、铁路专业，接触到赫胥黎的《天演论》，里面的进化论思想对他产生了很大的影响。1902年，鲁迅考取公费留学的机会，到日本学医，救治像他父亲一样的病人。在一次微生物课的课间，鲁迅观看到“日俄战争教育”的幻灯片：一个中国人给俄国人做侦探，被日本军捕获枪毙，一群中国人麻木地围观。作为满堂日本学生中唯一的中国人，鲁迅深受刺激。他意识到：“凡是愚弱的国民，即使体格如何健全，如何茁壮，也只能做毫无意义的示众的材料和看客，病死多少是不必以为不幸的。所以我们第一要著，是在改变他们的精神。”于是，鲁迅决定弃医从文，创办文艺杂志，翻译弱小民族国家的文学作品，与二弟周作人出版《域外小说集》，并开始用文言文写作。其间，鲁迅的生活非常艰难，以校对书稿补贴生活。

1909年，鲁迅回到中国，先是在浙江的中学里当生理学和化学教员，后来经同乡、教育总长蔡元培的引荐，到教育部做了一名小公务员，每天除了上班，就在绍兴会馆里以抄写古碑、校对古籍打发时间，精神迷茫而困顿。1917年的某一天，正在办《新青年》杂志的同乡钱玄同来找鲁迅，邀请鲁迅写点文章支持。鲁迅颇为犹豫，他觉得当时的中国就像一间没有窗户的铁屋子，里面的人都在昏昏欲睡直至死灭，现在要大嚷起来，惊起较为清醒的几个人，又很难破毁这屋子，实在对不起他们；但鲁迅在绝望中又看到了未来的希望，于是答应做文章。这就是1918年5月发表在《新青年》上的《狂人日记》，是中国现代文学史上的第一篇白话短篇小说。从此以后，鲁迅一发而不可收，接连写了几千篇小说。后来他把这些作品整理成《呐喊》《彷徨》和《故事新编》三个短篇小说集。

鲁迅的小说以内容上"表现的深切"和形式上"格式的特别"，具有鲜明的现代特征，开辟了中国现代文学发展的一个新时代。作为"五四"文学的第一篇小说，鲁迅的《狂人日记》通过一个"被迫害者"狂人的自述，以一种高度象征的方式揭示了中国几千年的封建礼教的"吃人"本质。这里的"吃人"指的不是真的把人吃掉，而是说人们以一种"非人"的状态活着，个人没有独立的人格和存在的价值，只是构成社会等级秩序的元素，随时会因为社会需要而丧失生命；在群体中，人和人之间没有关爱和同情，没有平等和尊重，人们在冷漠中麻木地苟活着。《药》中革命者夏瑜的被杀、《孔乙己》中没落的读书人孔乙己的死亡、《祝福》中祥林嫂的毙命……这些人或者因为是异端，或者因为是弱者，而被黑暗的封建社会无情地吞噬或毁灭。少数清醒而试图反抗的人，无论是知识分子，还是无知小民，只要他不顺从社会习惯，就会被整个社会孤立。在由大多数人组成的所谓"正常"的社会中，他们不是被视为"狂人"，便是怪人，总之是异类。整个社会组成合力，共同绞杀这些少数人。最终，这些异类不是毁灭，就是投降。

鲁迅更深刻地指出，不仅具有政治地位、经济地位或文化地位的统治阶级是制造社会黑暗的主要力量，那些处于社会底层的被统治、被压迫的广大民众，也以他们的麻木和冷漠参与了"吃人"，他们既可能被吃，同时也是积极的、贪婪的吃人者。譬如，《阿Q正传》里的无业游民阿Q，《祝福》里的女工柳妈，等等，他们与统治阶级一道，共同构成了这个沉重、深厚、无边的黑暗社会。鲁迅把这样一个由"非人"组成的强大社会称为"无主名的杀人团"。对于广大被统治者的这种麻木的心理意识，鲁迅"哀其不幸，怒其不争"，他通过小说向我们昭示这样一个道理：只要中国广大被统治者的心理意识不改变，那么，任何革命都不过是政权的更迭，都不能改变社会的本质；所以，中国社会要进步，首先要"辟人荒"，启蒙和培养人性，然后才能"立人国"，建立起一个现代的国家和社会。

鲁迅不仅创造了经典的现代小说，他的散文集《朝花夕拾》和散文诗《野草》也显示了非凡的创造性。《朝花夕拾》是鲁迅对过去生活的温馨回忆，《阿长与〈山海经〉》里为小鲁迅千方百计找到《山海经》画谱的保姆长妈妈、《从百草园到三味书屋》里摇头晃脑背诵诗文的私塾先生、《藤野先生》里诲人不倦、关爱学生的日本教授，都给我们留下了自然、亲切的印象，显露了鲁迅心灵世界最为柔和的一面。《野草》是鲁迅"自言自语"的一组散文诗，通过梦境和"冰与火""光与影"等对立的意象，来剖析自己从传统走向现代的"历史中间物"的矛盾心理。

鲁迅说，他的责任是"肩住了黑暗的闸门，放他们到宽阔光明的地方去；此后幸福的度日，合理的做人"。这个"他们"，就是年轻的一代。他以自己的文学创作批判中国的国民性，唤醒民众，鼓舞青年，被中国人民誉为"民族魂"。

练习

一、填空题

1. 鲁迅原名(　　　　)，是 20 世纪中国最伟大的(　　　　)和(　　　　)。
2. 鲁迅在南京读书时，(　　　　　　)思想对他产生了很大的影响。
3. 鲁迅 1918 年 5 月发表在《新青年》上的(　　　　　　　)，是中国现代文学史上的第一篇白话短篇小说。
4. 鲁迅的三个短篇小说集分别是：(　　　　　　)、(　　　　　　)和《故事新编》。
5. 鲁迅的散文作品包括散文集(　　　　)和散文诗集(　　　　)。

二、论述题

1. 结合具体的小说，谈一谈你怎么理解鲁迅作品对中国封建社会"吃人"本质的揭示。
2. 中国人民为什么把鲁迅誉为"民族魂"?
3. 鲁迅有着世界性的影响，他的作品被翻译成各种语言。请搜索了解，鲁迅的作品翻译成你的母语的情况。如果没有翻译，请你用简洁的语言向你的同胞介绍鲁迅。

三、口语表达题

1. 用自己话讲一讲鲁迅"弃医从文"的故事。结合当时中国的社会历史背景，说一说你对鲁迅这一选择的看法。
2. 请朗诵鲁迅名句："肩住了黑暗的闸门，放他们到宽阔光明的地方去；此后幸福的度日，合理的做人。"

2.2　经典讲读视频

本视频讲读了鲁迅的小说《祝福》，时长约 14 分钟。

发表于 1924 年 3 月的《祝福》，是鲁迅短篇小说的代表作之一，收入小说集《彷徨》，也被收入中国高中语文课本。

《祝福》以鲁迅的故乡绍兴鲁镇为背景，讲述了离开故乡的知识分子"我"在旧历年底回到故乡，借住在本家长辈鲁四老爷家里准备过"祝福"时，见证了四叔家先前的女工祥林嫂死亡的悲剧。祥林嫂是个农村妇女，丈夫死后，狠心的婆婆要把她卖掉。她被逼逃到鲁镇，在鲁四老爷家做女工。祥林嫂虽然是个寡妇，但因为模样周正，勤劳能干，扫尘、洗地、杀鸡、宰鹅、煮福礼，一人可以抵得上几个人，所以被鲁四老爷家留下来。但不久，她又被婆家抢回去，卖到山里人家。可是，安稳的日子没过几年，第二个丈夫因病去世，儿子阿毛又被狼吃掉。祥林嫂经受双重的打击，失魂落魄，走投无路，再次投奔鲁四老爷家。可是，鲁镇的人们嫌她不吉利，觉得她改嫁"有罪"。虽然祥林嫂听从了别人告诉她的"赎罪"的办法，依然摆脱不了人们的歧视。最后，她沿街乞讨，在鲁镇迎接新年的鞭炮声中，惨死在街头。但是，人们非但没有可怜她，还都骂她是一个谬种。

视频讲读除了介绍祥林嫂的悲惨经历，还探讨了知识分子"我"的心理，分析了祥林嫂的死究竟是谁造成的这一问题。经典阅读节选的内容，是"我"在河边遇到祥林嫂的第二天傍晚，从鲁四老爷和长工那儿得知祥林嫂死去的几段。

本视频讲读了鲁迅著名的散文《阿长与〈山海经〉》和《立论》，时长约 15 分钟。

鲁迅是个"多面手"，不仅擅长小说创作，在散文领域也取得了开创性的成就，创作了回忆散文集《朝花夕拾》和散文诗集《野草》。《朝花夕拾》是人到中年的鲁迅对过去的人和事的温馨回忆。《阿长与〈山海经〉》是其中的名篇。阿长是鲁迅小时候的保姆，鲁迅在文章中回忆了儿时与阿长相处的情景，非常形象生动。长妈妈生得胖，睡相像个“大”字，挤得小鲁迅都没地方。长妈妈迷信而唠叨，教给小鲁迅许多规矩和道理。最让鲁迅难以忘记的是，长妈妈知道鲁迅心心念念想有一套《山海经》，千方百计搜寻买来绘图的《山海经》，赠送给渴慕已久的小鲁迅，让鲁迅充满了尊敬和感激。视频讲读分析了长妈妈这位普通劳动妇女的朴素和善良、对鲁迅发自天性的质朴的爱，以及鲁迅对长妈妈的深切怀念。

本视频讲读的另外一篇作品《立论》，选自鲁迅的散文诗集《野草》。《立论》是一则短小精悍的寓言，全文不足300字，以“梦境”的方式，讲述了一户人家给孩子办满月酒时的故事。说孩子将来要发财或做官的客人，得到主人热情的招待；说孩子将来是要死的客人，得到主人的痛打，文章通过真话和假话、认真和世故在中国社会里的不同结果，讽刺了明哲保身、圆滑世故的处世态度，体现了鲁迅对“老好人”哲学和“哈哈主义”的批判。

2.3 经典阅读：鲁迅《祝福》片段、《阿长与〈山海经〉》片段、《立论》

(1) 鲁迅《祝福》(节选)

我因为常见些但愿不如所料，以为未必竟如所料的事，却每每恰如所料的起来，所以很恐怕这事也一律。果然，特别的情形开始了。傍晚，我竟听到有些人聚在内室里谈话，仿佛议论什么事似的，但不一会，说话声也就止了，只有四叔且走而且高声的说：

“不早不迟，偏偏要在这时候，——这就可见是一个谬种！”

我先是诧异，接着是很不安，似乎这话于我有关系。试望门外，谁也没有。好容易待到晚饭前他们的短工来冲茶，我才得了打听消息的机会。

“刚才，四老爷和谁生气呢?”我问。

“还不是和祥林嫂?”那短工简捷的说。

“祥林嫂？怎么了?”我又赶紧的问。

“老了。”

“死了?”我的心突然紧缩，几乎跳起来，脸上大约也变了色。但他始终没有抬头，所以全不觉。我也就镇定了自己，接着问：

“什么时候死的?”

“什么时候？——昨天夜里，或者就是今天罢。——我说不清。”

“怎么死的?”

“怎么死的？——还不是穷死的?”他淡然的回答，仍然没有抬头向我看，出去了。

然而我的惊惶却不过暂时的事，随着就觉得要来的事，已经过去，并不必仰仗我自己的“说不清”和他之所谓“穷死的”的宽慰，心地已经渐渐轻松；不过偶然之间，还似乎有些负疚。晚饭摆出来了，四叔俨然的陪着。我也还想打听些关于祥林嫂的消息，但知道他虽然读过“鬼神者二气之良能也”，而忌讳仍然极多，当临近祝福时候，是万不可提起死亡疾病之类的话的；倘不得已，就该用一种替代的隐语，可惜我又不知道，因此屡次想问，而终于中止了。我从他俨然的脸色上，又忽而疑他正以为我不早不迟，偏要在这时候来打搅他，也是一个谬种，便立刻告诉他明天要离开鲁镇，进城去，趁早放宽了他的心。他也不很留。这样闷闷的吃完了一餐饭。

(2) 鲁迅《阿长与〈山海经〉》(节选)

长妈妈，已经说过，是一个一向带领着我的女工，说得阔气一点，就是我的保姆。我的母亲和许多别的人都这样称呼她，似乎略带些客气的意思。只有祖母叫她阿长。我平时叫她“阿妈”，连“长”字也不带；但到憎恶她的时候，——例如知道了谋死我那隐鼠的却是她的时候，就叫她阿长。

……

她教给我的道理还很多，例如说人死了，不该说死掉，必须说“老掉了”；死了人，生了孩子的屋子里，不应该走进去；饭粒落在地上，必须拣起来，最好是吃下去；晒裤子用的竹竿底下，是万不可钻过去的……此外，现在大抵忘却了，只有元旦的古怪仪式记得最清楚。总之：都是些烦琐之至，至今想起来还觉得非常麻烦的事情。

……

但当我哀悼隐鼠，给它复仇的时候，一面又在渴慕着绘图的《山海经》了。这渴慕是从一个远房的叔祖惹起来的。……他说给我听，曾经有过一部绘图的《山海经》，画着人面的兽，九头的蛇，三脚的鸟，生着翅膀的人，没有头而以两乳当作眼睛的怪物，……可惜现在不知道放在那里了。

我很愿意看看这样的图画，但不好意思力逼他去寻找，他是很疏懒的。问别人呢，谁也不肯真实地回答我。压岁钱还有几百文，买罢，又没有好机会。

有书买的大街离我家远得很，我一年中只能在正月间去玩一趟，那时候，两家书店都紧紧地关着门。

玩的时候倒是没有什么的，但一坐下，我就记得绘图的《山海经》。

大概是太过于念念不忘了，连阿长也来问《山海经》是怎么一回事。这是我向来没有和她说过的，我知道她并非学者，说了也无益；但既然来问，也就都对她说了。

过了十多天，或者一个月罢，我还很记得，是她告假回家以后的四五天，她穿着新的蓝布衫回来了，一见面，就将一包书递给我，高兴地说道：

“哥儿，有画儿的‘三哼经’，我给你买来了！”

我似乎遇着了一个霹雳，全体都震悚起来；赶紧去接过来，打开纸包，是四本小小的书，略略一翻，人面的兽，九头的蛇……果然都在内。

这又使我发生新的敬意了，别人不肯做，或不能做的事，她却能够做成功。她确有伟大的神力。谋害隐鼠的怨恨，从此完全消灭了。

这四本书，乃是我最初得到，最为心爱的宝书。

书的模样，到现在还在眼前。可是从还在眼前的模样来说，却是一部刻印都十分粗拙的本子。纸张很黄；图像也很坏，甚至于几乎全用直线凑合，连动物的眼睛也都是长方形的。但那是我最为心爱的宝书，看起来，确是人面的兽，九头的蛇，一脚的牛，袋子似的帝江，没有头而“以乳为目，以脐为口”，还要“执干戚而舞”的刑天。

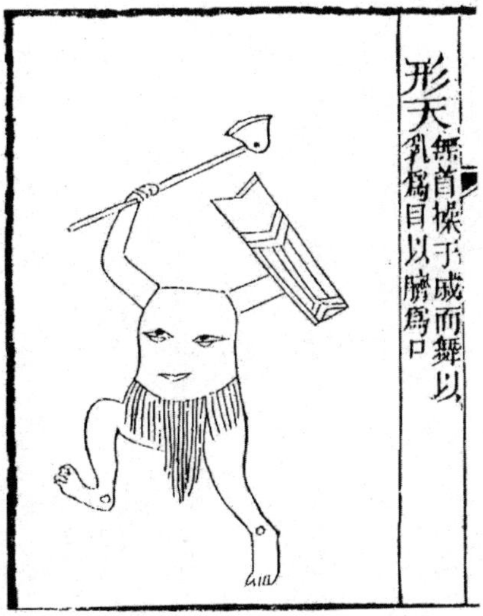

……

我的保姆，长妈妈即阿长，辞了这人世，大概也有了三十年了罢。我终于不知道她的姓名，她的经历；仅知道有一个过继的儿子，她大约是青年守寡的孤孀。

仁厚黑暗的地母呵，愿在你怀里永安

她的魂灵！

注：《山海经》是中国上古社会生活的百科全书，包含了上古地理、历史、神话、天文、动物、植物、医学、宗教等方面的内容，保存了包括夸父逐日、精卫填海、大禹治水等不少脍炙人口的远古神话传说和寓言故事，对中国古代历史、地理、文化、中外交通、民俗、神话等的研究，具有重要的文献参考价值。

(3) 鲁迅《立论》

我梦见自己正在小学校的讲堂上预备作文，向老师请教立论的方法。

“难！”老师从眼镜圈外斜射出眼光来，看着我，说。“我告诉你一件事——

“一家人家生了一个男孩，合家高兴透顶了。满月的时候，抱出来给客人看，——大概自然是想得一点好兆头。

“一个说：‘这孩子将来要发财的。’他于是得到一番感谢。

“一个说：‘这孩子将来要做官的。’他于是收回几句恭维。

“一个说：‘这孩子将来是要死的。’他于是得到一顿大家合力的痛打。

“说要死的必然，说富贵的许谎。但说谎的得好报，说必然的遭打。你……”

“我愿意既不谎人，也不遭打。那么，老师，我得怎么说呢？”

“那么，你得说：‘啊呀！这孩子呵！您瞧！多么……。阿唷！哈哈！Hehe！he，hehehehe！’”

练习

一、填空题

1. 我因为常见些(　　　)不如所料,以为(　　　)竟如所料的事,却每每(　　　)所料的起来,所以很恐怕这事也一律。(　　　),特别的情形开始了。
2. 我先是(　　　),接着是很(　　　),似乎这话于我有关系。
3. 这又使我发生新的敬意了,别人(　　　)做,或(　　　)做的事,她(　　　)能够做成功。她(　　　)有伟大的神力。

二、论述题

1. 长妈妈教过少年鲁迅哪些“道理”?你的国家也有类似的文化禁忌吗?
2. 《山海经》是少年鲁迅最喜爱的书,也是中国的一部经典。请查阅资料,介绍《山海经》中的一个故事。
3. 如果你是《立论》中祝贺的客人,你会怎么说呢?在你的国家,有类似的“打呵呵”文化吗?如有,请举例说明。

三、口语表达题

1. 请朗读《祝福》中“我”与短工的对话,说一说鲁四老爷和短工对祥林嫂的死的态度。
2. 请与同学配合,分角色朗诵《立论》,体会鲁迅对中国文化的批判和反思。

小贴士:鲁迅文学奖

鲁迅文学奖,以鲁迅先生命名的文学奖,是中国具有最高荣誉的文学奖之一,创立于1986年。各单项奖每两年评选一次,鲁迅文学奖大奖每四年评选一次。奖项包括全国优秀中篇小说奖,全国优秀短篇小说奖,全国优秀报告文学奖,全国优秀诗歌奖,全国优秀散文、杂文奖,全国优秀文学理论、文学评论奖,全国优秀文学翻译奖。

第三章

3.1　新诗的发展与新月派的诗

从《诗经》《楚辞》，到南北朝民歌，到唐诗、宋词、元曲，中国有着悠久而辉煌的古典诗歌传统。文学要革命，首先就要从新诗的创作寻求突破。清末梁启超等人已经倡导“诗界革命”，但他们的“新诗”不过是在文言诗歌里加入一些新名词或新材料，最终是失败了。

胡适是第一个尝试作新诗的人。他强调新诗与古诗的差异，主张从诗体的解放入手，提出新诗“不但打破五言七言的诗体，并且推翻词调曲谱的种种束缚；不拘格律，不拘平仄，不拘长短；有什么题目，作什么诗；诗该怎么作，就怎么作”，提倡说理的诗。他的《尝试集》出版于 1920 年 3 月，是中国现代文学史的第一部新诗集。里面的诗还有明显的传统诗歌的痕迹，半文半白，半旧半新，就像下面这首《蝴蝶》：

两个黄蝴蝶，双双飞上天。
不知为什么，一个忽飞还。
剩下那一个，孤单怪可怜；
也无心上天，天上太孤单。

全诗还保留着五言诗的样子，但已经完全是采用白话了。“自古成功在尝试”，胡适的诗虽然不太成功，但他敢于尝试，开宗立派，开创了新诗这个新的文类，对文学史做出了重大贡献。

胡适之后，新诗的发展越来越自由，以描写现实生活为主题的诗、以写景来抒发感情的小诗、歌咏青春和爱情的情诗，都开始出现。与此同时，在日本留学的郭沫若异军突起，给新诗带来了前所未有的解放。郭沫若厌恶诗歌的形式，主张诗歌重在抒情，是诗人情感的自然流露，是自我表现，宣扬灵感和天才。他的诗有两样新东西都是中国传统里没有的：一个是泛神论，把自然看作是有神有灵的人类的朋友；另一个是动的和反抗的精神，这在崇尚宁静和忍耐的中国文明里，是从来没有过的。譬如下面节选的《天狗》：

我是一条天狗呀！
我把月来吞了，
我把日来吞了，
我把一切的星球来吞了，
我把全宇宙来吞了。
我便是我了！

我是月的光，
我是日的光，
我是一切星球的光，
我是X光线的光，
我是全宇宙的Energy的总量！

天狗本是民间传说中的神兽，古人常常将月蚀现象称作“天狗吃月”。但在郭沫若的笔下，天狗成了诗人的抒情化身，讴歌以破坏来缔造一个新世界的革命精神，彰显诗人面对整个世界和人类的自我个性，充满了向时代突进的浪漫主义色彩。郭沫若这个时期的诗歌收入他的第一本诗集《女神》，以不拘一格的形式和壮阔奇异的情感，开辟了自由体诗的诗风。

郭沫若

但是，郭沫若的诗歌也因为绝对的自由而缺乏中国诗歌的韵味引起了一些批评。闻一多、徐志摩等人不满于“五四”以后自由诗人忽视诗歌艺术的做法，在北京的《晨报·副刊》上发表文章，受印度诗人泰戈尔《新月集》的影响，他们后来又在上海创办新月书店，出版《新月》杂志，发表诗歌。这些诗人被称为“新月派”。新月派是现代新诗史上一个重要的诗歌流派，他们提倡“新格律诗”，主张“理性节制情感”的美学原则与诗的形式格律化。格律诗是古代汉语诗歌的一种，形式有一定规格，音韵有一定规律，如果有变化，需按一定规则。闻一多根据现代汉语的特点，提出新格律诗要有“三美”：音乐美、建筑美和绘画美。音乐美指的是诗歌的音节，读起来富有节奏感，抑扬顿挫，朗朗上口；建筑美是指节的匀称和句的整齐；绘画美指的是诗歌的词藻，用词注意色彩，形象鲜明。新格律诗追求一种“和谐”和“均齐”的美感，纠正了早期新诗过于散文化的弱点，在新诗与旧诗之间建立起了一架桥梁，使新诗不仅具有现代特征，又富有中国的韵味。

徐志摩

徐志摩是新月派最著名的诗人，在同时代人的眼里，他是“跳着溅着不舍昼夜的一道生命水”。徐志摩一生短暂。他 1897 年出生于浙江海宁一个富商家庭，曾留学美国攻读银行学，获得学士学位，后留学英国剑桥大学，研究政治经济学。在剑桥大学两年，徐志摩深受西方教育的熏陶以及欧美浪漫主义诗人的影响，奠定了浪漫主义的诗风。1922 年回国后徐志摩发表大量的诗文，在北京办起了以欧美留学生为主的俱乐部“新月社”，成为文坛闪亮的明星。1931 年徐志摩搭乘邮政飞机从南京到北京，途中因大雾弥漫，飞机触山，不幸罹难。徐志摩的代表作品有《再别康桥》《沙扬娜拉》《雪花的快乐》等。譬如，《雪花的快乐》第一节：

假如我是一朵雪花
翩翩的在半空里潇洒，
我一定认清我的方向——
飞扬，飞扬，飞扬，——
这地面上有我的方向。

在音乐上，第一、二行每行三顿，采用了“花”和“洒”的韵脚，舒缓而轻柔，仿佛雪花翩翩飞舞的神韵；第三行开始换韵，采用了“向”和“扬”的韵脚；第四行接连三个“飞扬”，又突然转换成跳跃的节奏，最后以“方向”结束，所有的韵脚都是开放而响亮的，富有音乐感，给人以乐观向上的感染，形式规范整齐，集中体现了新格律诗的特点，特别适合朗诵。雪花在空中自由飘洒，飞向大地的形象，与诗人追求自由、空灵潇洒的个性和谐地统一起来，小而珍美。

从自由体诗到新格律诗，表明了中国新诗自觉探索的脚步，这两种诗歌也成为以后新诗的主要形式。

练习

一、填空题

1. 胡适的(　　　　　)是中国现代文学的第一部白话诗集。
2. 郭沫若的第一本诗集(　　　　)，以不拘一格的形式和壮阔奇异的情感，开辟了(　　　　)体的诗风。
3. (　　　　)是现代新诗史上一个重要的诗歌流派，他们提倡(　　　　　)，主张新诗的“三美”，分别是(　　　　)、(　　　　)和(　　　　)。

二、论述题

1. 郭沫若的诗歌有哪两点特别之处？
2. 徐志摩的《雪花的快乐》如何体现了新格律诗的“音乐美”？

3.2　经典讲读视频

本视频讲读了“新月派”代表诗人徐志摩的著名诗歌《再别康桥》，时长约16分钟。

徐志摩是“新月派”的代表诗人，《再别康桥》是徐志摩最著名的一首诗。康桥，就是英国著名的剑桥大学所在的地方。在剑桥大学的留学经历，对徐志摩成为诗人产生了非常重要的影响。1928年徐志摩再次来到康桥，在回国的船上，写下了《再别康桥》这首诗，抒发了诗人故地重游、再别康桥时的复杂情感。

视频讲读逐节分析了《再别康桥》的内容及艺术特征。全诗以“轻轻的我走了，/正如我轻轻的来；/我轻轻的招手，/作别西天的云彩”开头，以“悄悄的我走了，/正如我悄悄的来；/我挥一挥衣袖，/不带走一片云彩”收尾，咏叹了诗人在康河里泛舟寻梦的情感变化，物我两忘，如梦如幻。《再别康桥》充分体现了新月派“新格律诗”的主张。在音乐美上，全诗共七节，每节四行，每行两顿或三顿，音韵上采用第二句和第四句押韵，抑扬顿挫，朗朗上口，回环往复；在绘画美上，诗中的“金柳”“青荇”“榆荫”“星辉”“夏虫”“笙箫”等意象，构筑了一幅美好的画面，达到了情与景的高度融合。

《再别康桥》的诗眼是“别”，既表现了诗人唯恐惊破心中的梦想，又因理想的破灭而产生无限哀伤的情怀，语言轻盈柔和，形式精巧圆熟，情感真挚动人。这也是《再别康桥》成为脍炙人口之名篇、中国现代新诗之绝唱的内在原因。

3.3 经典阅读：徐志摩《再别康桥》

轻轻的我走了，
正如我轻轻的来；
我轻轻的招手，
作别西天的云彩。

那河畔的金柳，
是夕阳中的新娘；
波光里的艳影，
在我的心头荡漾。

软泥上的青荇，
油油的在水底招摇；
在康河的柔波里，
我甘心做一条水草！

那榆荫下的一潭，
不是清泉，是天上虹；
揉碎在浮藻间，
沉淀着彩虹似的梦。

寻梦？撑一支长篙，
向青草更青处漫溯；
满载一船星辉，

在星辉斑斓里放歌。

但我不能放歌，
悄悄是别离的笙箫；
夏虫也为我沉默，
沉默是今晚的康桥！

悄悄的我走了，
正如我悄悄的来；
我挥一挥衣袖，
不带走一片云彩。

练习

一、填空题

1.《再别康桥》是诗人(　　　　)最著名的一首诗。康桥,就是英国著名的(　　　　)大学所在的地方。

2. 朗读诗歌,照样子,找出几组句末押韵的字。

例:来(彩)

手(　　　);娘(　　　);摇(　　　);箫(　　　)

二、论述题

1. 在《再别康桥》中,徐志摩选取了哪些意象,体现了新格律诗的“绘画美”主张?

2.《再别康桥》表达了一种怎样的情感?你有过与诗人相似的经历或情感吗?请写一写。

三、口语表达题

1. 配乐朗诵《再别康桥》,感受作者对康桥依依不舍的感情。

中国现代文学

第四章

4.1　左翼革命文学与先锋派作家

20 世纪 20 年代中期，随着社会现实的变化，尤其是 1921 年中国共产党的成立，以陈独秀、胡适、鲁迅等北京大学的教授们为主的《新青年》群体发生了思想上的分化。用鲁迅的话来说，同一战阵中的伙伴“有的高升，有的退隐，有的前进”，思想界重新出现了主张读古书、研究传统文化的复古潮流，“五四”新文化运动走向落潮。就像他后来在《题〈彷徨〉》一诗中写道的：“寂寞新文苑，平安旧战场。两间余一卒，荷戟独彷徨。”鲁迅感到文学界依然像沙漠一样，在新旧文学之间只有他独自扛着武器，寂寞地“依然在沙漠中走来走去”。

当时，一批青年留学生带着报效祖国的热望从海外归来，面对帝国主义的侵袭和军阀的混战，他们深感现实的黑暗与理想的失落，纷纷投入共产党和国民党合作领导的大革命。1921 年在东京成立创造社的一批作家，郭沫若、郁达夫等人，都纷纷从军，他们开始放弃早期浪漫主义的文学观念，转而提倡革命文学。1927 年 4 月 12 日，国民党发动“四・一二”反革命政变，大肆屠杀共产党人，国共合作彻底破裂，大革命失败。当时聚集在上海的一批参加过革命活动的作家，和转向后的创造社作家们一起，提倡无产阶级文学运动，来推动政治上的持续革命。1930 年，在中国共产党的直接组织和领导下，提倡革命文学的各派力量在上海成立了“左翼作家联盟”，简称“左联”，推举鲁迅为“盟主”。

左翼文学是 20 世纪二三十年代世界范围内的一股先锋思潮，与国际共产主义运动紧密相连。中国的左翼文学是世界左翼文学的一部分，以马克思主义的文学理论为指导，将自己与中国被压迫人们的命运紧紧地联系在一起。左翼作家是思想上的先锋派。他们的先锋性，体现在代表广大民众的利益，为争取社会公正、平等、自由而进行政治和文化的斗争。他们当中成就最高的，是那些忠实于自己的生活经验与体验，真实地表现现实、追求文学性的作家。譬如，天才的讽刺作家沙汀、热爱生命的流浪者艾芜、富有童话般单纯色彩的革命作家叶紫等等，柔石是其中最为突出的一位。

柔石是浙江台州宁海县人，因为家境不好，十多岁才上小学。由于祖辈几代人都是读书人，柔石虽然上学很晚，但学养很好。家乡儒雅的环境和深厚的文化传统，对柔石的成长也起到了潜移默化的影响。在杭州读师范学校的时候，柔石与现代作家朱自清、叶绍钧等老师和一些同学成立了文学社，开始创作。毕业后，柔石做了小学教员。1925 年北上，在北京大学旁听鲁迅的小说史课。1926 年，柔石回到家乡教中学，任宁海县教育局局长。1928 年宁海农民暴动失败，柔石帮助友人逃跑，自己也逃到上海，开始与鲁迅交往，在鲁迅家搭伙吃饭，与鲁迅一同创办文学杂志，与鲁迅结下了“亦师亦友”的深厚情谊。1931 年，柔石因叛徒出卖，被国民党军警逮捕后秘密杀害，是“左联五烈士”之一。鲁迅在《为了忘却的记念》中，勾勒了柔石细腻、认真、硬气而有点迂的形象，对柔石的牺牲表达了深切的痛惜。

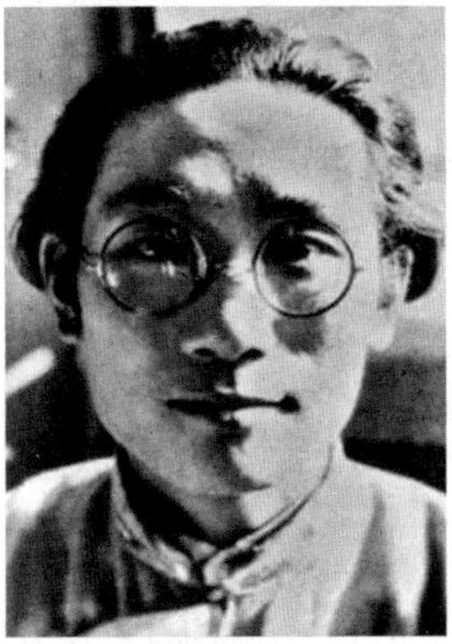

柔石

柔石有着非常好的艺术感觉，精通音乐，具有非凡的文学才华，在不满 30 年的短暂生命中，他留下的作品虽然不多，却放射着美丽的艺术光辉。柔石的代表作有中篇小说《二月》和短篇小说《为奴隶的母亲》。

《二月》主要描写了主人公萧涧秋的经历。他接受老同学的邀请到芙蓉镇做中学教员，由于无私地接济孤苦无助的寡妇文嫂，小镇上飞短流长；他受到有着独立个性的女青年陶岚的热烈追求，两人在精神上相知相惜；却不料因此陷入了“三角”关系，被人中伤诽谤。萧涧秋书生意气地提出与文嫂结婚，以此堵住世俗的污水，也从根本上帮助文嫂母子，反而导致文嫂自杀。最终萧涧秋怀着痛苦与矛盾，离开了芙蓉镇。小说塑造的萧涧秋，既是一个有高尚品德和独立人格的知识分子，又是一个对人类怀着热爱和悲悯的人道主义者。但他的高尚人格和独立个性，是庸俗的社会所不容的。作品反映了大革命前夕社会的黑暗沉闷，也反映了知识分子找不到出路的苦恼，表达了作者对现实的愤恨及改变现实的探索。

《为奴隶的母亲》写于1930年，讲述的是一个"典妻"的故事。皮货商人"黄胖"穷困潦倒，为了还债，将自己的妻子典给邻村一个五十多岁的老秀才。妻子不得不撇下五岁的儿子春宝，去秀才家为他生儿子，同时还要负担仆人的体力活，常常遭受秀才老婆的辱骂。后来春宝娘终于为秀才生了一个儿子，因为思念家里的春宝，她给孩子取名秋宝。当秋宝开始牙牙学语时，春宝娘因完成了生育任务，被秀才一家赶走，回到自己家中。春宝已经长大了，不认得娘了，黄胖对她更加冷漠。完成典当合同的她，在这肮脏而一贫如洗的家里，继续度过奴隶和母亲的生涯。这篇小说揭示的不是一般的经济上的掠夺和剥削，春宝娘被剥夺的，不但是人的尊严和权利，甚至连作为母亲最起码的母爱的权利也被剥夺了。通过这篇小说，柔石揭示了中国社会女性的悲惨命运，揭露了整个社会的野蛮与黑暗，也表达了对底层人民的悲悯和同情。

练习

一、填空题

1. 1930 年,在中国共产党的直接组织和领导下,提倡(　　　)文学的各派力量在(　　　)成立了"中国左翼作家联盟",简称(　　　),推举鲁迅为"盟主"。
2. 中国的左翼文学是世界左翼文学的一部分,以(　　　)的文学理论为指导,将自己与中国(　　　)人们的命运紧紧地联系在一起。
3. 柔石的代表作有中篇小说(　　　)和短篇小说(　　　)。

二、论述题

1. 中国左翼作家们的先锋性体现在哪些方面?
2. 请概述小说《二月》中主人公萧涧秋的经历。结合小说的内容,说说你怎么评价萧涧秋这个人物。

三、口语表达题

1. 柔石是一位非常有才华的作家,假如你的朋友想了解柔石,你会怎么向他/她介绍柔石呢?

4.2 经典讲读视频

本视频讲读了左翼作家柔石的短篇小说名作《为奴隶的母亲》，时长约 17 分钟。

这篇小说的背景是 20 世纪 20 年代浙江东部的农村，描写了浙东一带流行的“典妻”习俗。主人公春宝娘是一个勤劳、朴实、善良的农村妇女，因为丈夫欠债，被以 100 元的身价、三年的期限，典卖给邻村一个五十多岁的秀才做临时的妻子。她只好扔下自己年仅五岁的儿子春宝去了秀才家，做了给秀才生孩子的机器，为秀才生了另一个儿子秋宝。三年期满之后，她又不得不离开儿子秋宝，回到自己原来的家。家里的状况没有得到丝毫的改变，春宝也几乎不认识自己的母亲了，在这个肮脏而一贫如洗的家里，这位母亲将继续过着像奴隶一样的漫长而苦难的生活。

除了春宝娘，视频讲读还分析了秀才和秀才大妻的人物形象，探讨了秀才大娘是不是受害者这一问题，分析了小说在艺术上的特点。《为奴隶的母亲》通过名为母亲实为奴隶的春宝娘的悲剧，控诉了“典妻”这种野蛮习俗，深刻揭示了“典妻”制度的产生不仅有经济上的原因，更有以宗族和血缘延续为主要特征的封建宗法文化的根源，批判了封建宗法文化对人性的戕害，表达了柔石对劳苦妇女寄予的深切同情。

节选的内容表现了春宝娘三年期满要被送回旧家时各个人物的反应。

4.3　经典阅读：柔石《为奴隶的母亲》片段

秋宝是天天成长的非常可爱地离不开他底母亲了。他有出奇的大的眼睛，对陌生人是不倦地注视地瞧着，但对他底母亲，却远远地一眼就知道了。他整天地抓住了他底母亲，虽则秀才是比她还爱他，但不喜欢父亲；秀才底大妻呢，表面也爱他，似爱她自己亲生的儿子一样，但在婴儿底大眼睛里，却看她似陌生人，也用奇怪的不倦的视法。可是他的执住他底母亲愈紧，而他底母亲离开这家的日子也愈近了。春天底口子咬住了冬天底尾巴；而夏天底脚又常是紧随着在春天底身后的；这样，谁都将孩子底母亲底三年快到的问题横放在心头上。

秀才呢，因为爱子的关系，首先向他底大妻提出来了：他愿意再拿出一百元钱，将她永远买下来。可是他底大妻底回答是：

"你要买她，那先给我药死罢！"

秀才听到这句话，气的只向鼻孔放出气，许久没有说；以后，他反而做着笑脸地：

"你想想孩子没有娘……"

老妇人也尖利地冷笑地说：

"我不好算是他底娘么？"

在孩子底母亲的心呢，却正矛盾着这两种的冲突了：一边，她底脑里老是有"三年"这两个字，三年是容易过去的，于是她底生活便变做在秀才底家里底用人似的了。而且想象中的春宝，也同眼前的秋宝一样活泼可爱，她既舍不得秋宝，怎么就能舍得掉春宝呢？可是另一边，她实在愿意永远在这新的家里住下去，她想，春宝的爸爸不是一个长寿的人，他底病一定是在三五年之内要将他带走到不可知的异国里去的。于是，她便要求她底第二个丈夫，将春宝也领过来，这样，春宝也在她底眼前。

有时，她倦坐在房外的沿廊下，初夏的阳光，异常地能令人昏朦地起幻想，秋宝睡在她底怀里，含着她底乳，可是她觉得仿佛春宝同时也站在她底旁边，她伸出手去也想将春宝抱近来，她还要对他们兄弟两人说几句话，可是身边是空空的。

在身边的较远的门口，却站着这位脸孔慈善而眼睛凶毒的老妇人，目光注视着她。这样，她也恍恍惚惚地敏悟："还是早些脱离罢，她简直探子一样地监视着我了。"可是忽然怀内的孩子一叫，她却又什么也没有的只剩着眼前的事实来支配她了。

以后，秀才又将计划修改了一些：他想叫沈家婆来，叫她向秋宝底母亲底前夫去说，他愿否再拿进三十元——最多是五十元，将妻续典三年给秀才。秀才对他底大妻说：

"要是秋宝到五岁，是可以离开娘了。"

他底大妻正是手里捻着念佛珠，一边在念着"南无阿弥陀佛"，一边答：

"她家里也还有前儿在，你也应放她和她底结发夫妇团聚一下罢。"

秀才低着头，断断续续地仍然这样说：

"你想想秋宝两岁就没有娘……"

可是老妇人放下念佛珠说：

"我会养的，我会管理他的，你怕我谋害了他么？"

秀才一听到末一句话，就拔步走开了。老妇人仍在后面说：

"这个儿子是帮我生的，秋宝是我底；绝种虽然是绝了你家底种，可是我却仍然吃着你家底餐饭。你真被迷了，老昏了，一点也不会想了。你还有几年好活，却要拼命拉她在身边？双连牌位，我是不愿意坐的！"

老妇人似乎还有许多刻毒的锐利的话，可是秀才走远开听不见了。

练习

一、填空题

1.《为奴隶的母亲》以20世纪20年代浙江东部(　　　)为背景，批判了浙东一带流行的(　　　)丑陋习俗。

2. 柔石通过这篇小说，揭示了以宗族和血缘延续为主要特征的(　　　)文化的“吃人”本质。

二、论述题

1. “春宝娘”三年典当期快结束时，她的内心产生了怎样的矛盾冲突？

2. 小说题目是“为奴隶的母亲”，你认为文中的母亲“春宝娘”究竟是谁的奴隶？

3. 你觉得秀才大妻是受害者，还是害人者？

三、口语表达题

1. 请用自己的语言，概括讲述“春宝娘”的悲惨命运以及你的看法。

中国现代文学

第五章

5.1　茅盾：中国现代史的文学记录者

茅盾

茅盾是中国现代文学史上最重要的作家之一，原名沈德鸿，字雁冰，1896 年出生于浙江桐乡有着浓厚文化气息的水乡乌镇。茅盾的家庭思想观念比较新：父亲是清末秀才，思想开明；母亲是大家闺秀，对孩子们教养严格，是茅盾的“第一个启蒙老师”。茅盾从小接受新式教育，1913 年考入北京大学预科，因家境困窘，1916 年中止学业，进入商务印书馆做编辑，从此走上了改革中国文艺的道路。1920 年，茅盾主持当时发行量最大的文学刊物《小说月报》的《小说新潮》栏，对这份老牌杂志进行改革，将它从原先面向市民的通俗文学杂志，改变为提倡新文学的现代杂志。茅盾大力倡导现实主义文学，认为文学的目的不是“高兴时的游戏与失意时的消遣”，而是要表现人生。他一方面大量介绍和翻译西方文学作品和理论，另一方面，对新文学的发展倾向和作家作品给予及时的评论，极大地推动了中国现代文学的发展。

茅盾是他 1927 年正式发表小说时使用的笔名。茅盾曾经是最早的中国共产党党员，有着丰富的从政经验，大革命时期曾担任国民党中央宣传部秘书，在武汉任中央军事政治学校教官等职务。1927 年“四一二”反革命政变前夕，茅盾到庐山养病，8 月返回上海。大革命失败，国民党大肆屠杀革命人士，国内形势非常险恶，这样的现实使茅盾感到精神上的极度苦闷和矛盾，他在上海足不出户，于是就动手写起小说来。当时茅盾投稿的署名是“矛盾”，编辑认为不像一个人的名字，自作主张在“矛”字上加了一个草字头，改作“茅盾”。茅盾对这一改动很满意，以后就一直以此为笔名。

在中国现代文学史上，没有哪位作家像茅盾那样，矢志不渝地紧密关注当下的现实，关注当下具有重要意义的政治事件和经济事件。茅盾的绝大部分小说都是取材于刚刚发生的事情，这些事情在当代人的头脑中所产生的第一印象尚未消退之时，茅盾就已经将它们写进了作品。描写大革命经历的第一个三部曲《蚀》，就是在 1927 年 4 月蒋介石的血腥镇压之后的几个月开始创作的。在这场事件过去不到一年的时间里，茅盾就以小说的形式生动地描写了大革命的过程，为历史留下了不能抹除的痕迹。茅盾最著名的作品是《子夜》，创作于 1931 年 10 月至 1932 年 12 月，小说以广阔的画面展现了 1930 年春夏之交的几个月里中国社会各种政治力量和经济势力之间的冲突。从事件发生到茅盾着手创作，其间也不过一年多一点的时间。茅盾的第三部力作《腐蚀》1941 年出版，描写的也是前一段时期重庆的生活情景。他的大部分短篇小说也是如此，通常表现的都是近期的事情。即使在创作历史小说时，茅盾所关注的显然也不是过去的历史，而是那些历史事件包含的借古讽今的价值。茅盾的作品紧密地结合了最具时代性的事件，刻不容缓地记录下中国正在经历的那个动荡时代。

茅盾最受赞誉的小说是1933年出版的长篇小说《子夜》，1933年也因为《子夜》的巨大影响被称为“子夜年”。小说的主人公吴荪甫是一个出身封建家庭的民族资本家，他曾游历欧美，掌握了管理现代企业的知识和魄力，有着振兴民族工业的勃勃雄心。吴荪甫不满足于做一个投机商人，他一心一意办纱厂，做实业，希望通过实干一步步实现自己的梦想。然而，1930年前后的中国，国民党各派系之间的内战打得不可开交，世界经济危机迫使英、美、日等国家对中国进行经济侵略，中国民族工业深受池鱼之苦，工人罢工不断兴起，农村经济濒临破产。吴荪甫的纱厂效益很差，产品竞争不过进口棉纱，为了减少通货膨胀的压力，他降低工人工资，引发工人罢工；他在家乡双桥镇的投资又因农民暴动而付诸东流；那些费尽心机吞并来的小厂也产品大量积压卖不出去。吴荪甫不得不走股市投机之路，孤注一掷，将资金统统投入交易所，然而买办资本家赵伯韬通过与政府、军队、洋人勾结，算计吴荪甫，导致吴荪甫一败涂地，彻底破产。

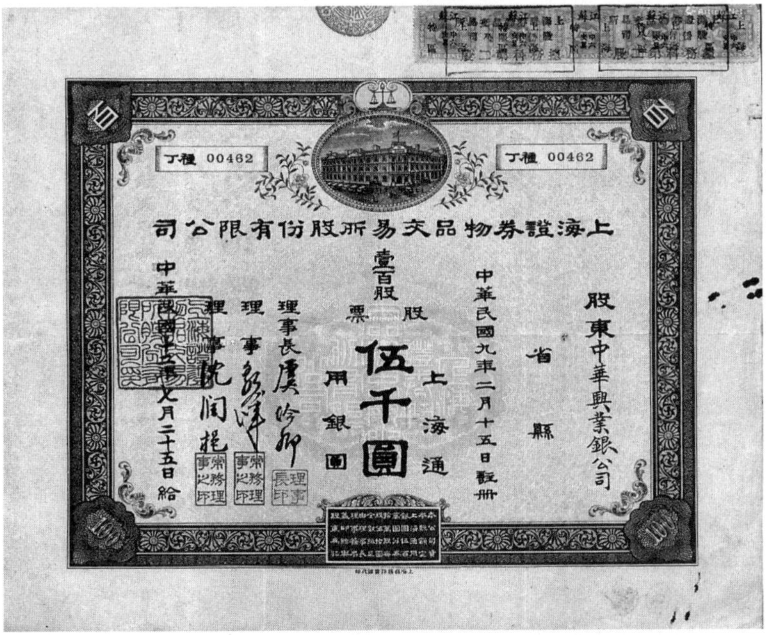

茅盾通过吴荪甫不可逆转的命运，回答了 20 世纪 30 年代初期中国社会的性质以及何去何从的重要问题，揭示了这样一个答案：在被外国政治和经济严重牵制的半封建半殖民地中国，要想发展独立的民族工业是不可能的。《子夜》以吴荪甫在事业上的奋斗为主要线索，描绘了一幅 20 世纪 30 年代中国社会广阔而真实的历史画卷：繁华的外滩码头、忙碌嘈杂的债券交易所；纸醉金迷的社交场中，政客、军人、商人、投机者享受歌舞升平；为了生存，丝厂的工人、饥饿的农民在死亡线上挣扎……好像一首气势恢宏的交响乐、一部巨型史诗，展示了茅盾表现重大社会题材、驾驭长篇小说的卓越能力。

几乎与《子夜》同时，茅盾还创作了短篇小说"农村三部曲"和《林家铺子》，反映浙江农村和乡镇在世界工业经济冲击下痛苦挣扎的生存状态。不论是"农村三部曲"中的农民老通宝，还是林家铺子里的小商人林老板，他们勤劳、朴实、奋斗，追求个人和家庭生活的改善，却最终都走向破产。他们的悲剧不是个人的，而是社会的，是个人在半殖民社会中徒劳挣扎的悲剧。茅盾以一个社会学家的理性眼光，描写出了社会矛盾的症结。

《子夜》被认为是"中国第一部写实主义的成功的长篇小说"，不论取材、思想还是气魄，都是中国新文学划时代的巨制，迄今为止没有丧失它的意义和影响力。如果说鲁迅开创了现代短篇小说的先河，那么，茅盾对文学史的贡献在于长篇小说的成熟。茅盾的创作影响了当时一批左翼作家，他们以重大事件为背景或表现对象，来反映社会危机和社会矛盾，被称为"社会剖析派"。20 世纪 40 年代末至 70 年代的长篇小说，也继承了茅盾开创的史诗性的宏大叙事。

练习

一、填空题

1. 茅盾原名沈雁冰，茅盾是他在(　　　)年大革命失败后进行文学创作时开始使用的(　　　)，反映了他当时矛盾的心理状态。
2. 茅盾在商务印书馆工作时期，改革了著名的杂志(　　　　　　)，极大地推动了中国现代文学的发展。
3. 茅盾大力倡导(　　　)文学，认为文学的目的是要表现人生。
4. 茅盾的(　　　)出版于1933年，被认为是“中国第一部写实主义的成功的长篇小说”，这一年也被称为“(　　　)”年。
5. 茅盾的短篇小说(　　　　　)反映了世界工业经济冲击下城镇小商人艰难的生存状态。

二、论述题

1. 为什么说茅盾的创作具有“史诗性”特征？他的小说都反映了什么时代内容？请结合某部具体作品谈一谈。
2. 茅盾通过《子夜》反映了1920年代末1930年代初中国怎样的社会状况？回答了一个怎样的社会问题？

三、口语表达题

1. 请从地图上找到茅盾的故乡——桐乡乌镇，用自己的语言简单介绍一下乌镇的特点。
2. 《子夜》的英文版叫*Midnight*。结合作品说一说你对“子夜”这个题目的理解。

5.2　经典讲读视频

本视频讲读了左翼作家茅盾的经典长篇小说《子夜》,时长约 17 分钟。

《子夜》以民族工业资本家吴荪甫和买办金融资本家赵伯韬之间的矛盾和斗争为主要线索,通过吴荪甫的悲剧命运,反映了 20 世纪 20 年代末 30 年代初中国社会的复杂环境,以文学的方式呈现了资本主义在当时的中国社会没有出路的现实处境。主人公吴荪甫曾经游历欧美,拥有资本主义现代工业的管理知识,理想是在中国发展民族实业,摆脱帝国主义和买办阶级的束缚,最终在中国实现资本主义。视频讲读介绍了吴荪甫在事业上的成功与失败,家庭中的矛盾与分裂,以及与工人、农村之间的冲突,由此展示了吴荪甫作为民族资产阶级既果敢、自信、刚强,又软弱、妥协的性格。吴荪甫的悲剧是整个中国民族资产阶级悲剧的一个缩影,显示了茅盾对当时中国的社会现实性质和未来发展方向的思考。

视频讲读剖析了吴荪甫性格的两面性以及悲剧的成因,还分析了买办资本家赵伯韬、工头屠维岳、乡下地主冯云卿等另外几个成功的人物形象,并且全面介绍了小说在场面描写、艺术结构和心理刻画等方面的特点。

节选的内容是吴荪甫得知工人暴动后,与工头屠维岳正面交锋的精彩片段。

5.3 经典阅读：茅盾《子夜》片段

吴荪甫略欠着身体问，一对尖利的眼光在这年青人的身上霍霍地打圈子。屠维岳鞠躬，却不说话；他毫没畏怯的态度，很坦白地也回看吴荪甫；他站在那里的姿势很大方，他挺直了胸脯；他的白净而精神饱满的脸儿上一点表情也不流露，只有他的一双眼睛却隐隐地闪着很自然而机警的光芒。

“你到厂里几年了？”

“两年又十天。”

屠维岳很镇静很确实地回答。尤其是这“确实”，引起了吴荪甫心里的赞许。

“你是哪里人？”

“和三先生是同乡。”

“哦——也是双桥镇么？谁是你的保人？”

“我没有保人！”

吴荪甫愕然，右手就去翻开桌子上那本职员名册，可是屠维岳接着又说下去：

“也许三先生还记得，当初我是拿了府上老太爷的一封信来的。以后就派我在厂里账房间办庶务，直到现在，没有对我说过要保人。”

吴荪甫脸上的肌肉似笑非笑地动了一下。他终于记起来了：这屠维岳也是已故老太爷赏识的“人才”，并且这位屠维岳的父亲好像还是老太爷的好朋友，又是再上一代的老侍郎的门生。对于父亲的生活和思想素抱反感的荪甫突然间把屠维岳刚才给与他的好印象一变而为憎恶。他的脸放下来了，他的问话就直转到叫这个青年职员来谈话的本题：

“我这里有报告，是你泄漏了厂方要减削工钱的消息，这才引起此番的怠工！”

“不错。我说过不久要减削工钱的话。”

“嘿！你这样喜欢多嘴！这件事就犯了我的规则！”

“我记得三先生的《工厂管理规则》上并没有这一项的规定！”

屠维岳回答，一点畏惧的意思都没有，很镇静很自然地看着吴荪甫的生气的脸孔。

吴荪甫狞起眼睛看了屠维岳一会儿。屠维岳很自然很大方地站在那里，竟没有丝毫局促不安的神气。能够抵挡吴荪甫那样尖利狞视的职员，在吴荪甫真还是第一次遇到呢；他不由得暗暗诧异。他喜欢这样镇静胆大的年青人，他的脸色便放平了一些。他转了口气说：

"无论如何，你是不应该说的。你看你就闯了祸！"

"我不能承认。既然有了要减工钱的事，工人们迟早会知道。况且，即使三先生不减工钱，怠工或是罢工还是要爆发，一定要爆发！"

"你这话是什么意思？"

"我的意思是——工人们也已经知道三先生抛售的期丝不少，现在正要赶缫交货，她们便想乘这机会有点动作，占点便宜。"

吴荪甫的脸色突然变了，咬着牙齿喊道：

"什么！工人也知道我抛出了期丝？工人们连这个都知道了么？也是你说的么？"

"是的！工人们从别处听了来，再来问我的时候，我不能说谎话。三先生自然知道说谎的人是靠不住的！"

吴荪甫怒叫一声，在桌子上猛拍一下，霍地站起来：

"你这混蛋！你想讨好工人！"

屠维岳不回答，微笑着鞠躬，还是很自然，很镇静。

"我知道你和姓朱的女工吊膀子，你想收买人心！"

"三先生，请你不要把个人的私事牵进去！"

屠维岳很镇定而且倔强地说，他的机警的眼光现在微露忿意，看定了吴荪甫的面孔。

吴荪甫的脸色眼光也又已不同；现在是冷冷的坚定的，却是比生气咆哮的时候更可怖。从这脸色，从这眼光，屠维岳看得出他自己将有怎样的结果，然而他并不惧怕。他是聪明能干，又有胆量；但他又是倔强。"敬业乐业"的心思，他未始没有；但强要他学莫干丞那班人的方法博取这位严厉的老板的欢心，那他就不能。他微笑地站着，镇静地等候吴荪甫的最后措置。

死样的沉默压在这书房里。吴荪甫伸手要去按墙上的电铃钮了，屠维岳的运命显然在这一按中就要决定了；但在刚要碰到那电铃时，吴荪甫的手忽又缩回来，转脸对着屠维岳不转睛地瞧。机警，镇定，胆量，都摆出在这年青人的脸上。只要调度得当，这样的年青人很可以办点事；吴荪甫觉得他厂里的许多职员似乎都赶不上眼前这屠维岳。但是这个年青人可靠么？这年头儿，愈是能干愈是有魄力有胆气的年青人都有些不稳的思想。这一点却不是一眼看得出来的。吴荪甫沉吟又沉吟，终于坐在椅子里了，脸色也不像刚才那样可怕了，但仍是严厉地对着屠维岳喝道：

"你的行为，简直是主使工人们捣乱！"

"三先生应该明白，这不是什么人主使得了的事！"

"你煽动工潮！"

吴荪甫又是声色俱厉了。

没有回答。屠维岳把胸脯更挺得直些，微微冷笑。

"你冷笑什么？"

"我冷笑了么？——如果我冷笑，那是因为我想来三先生不应该不明白：无论什么人总是要生活，而且还要生活得比较好！这就是顶厉害的煽动力量！"

练习

一、论述题

1. 吴荪甫和屠维岳之间有比较复杂的关系，阅读节选的片段，写出他们之间的几种关系。
2. 这个片段描写了吴荪甫得知丝厂工人罢工消息后，与工头屠维岳的正面交锋。请在文中找出描写吴荪甫心理变化的词语，分析吴荪甫的性格。
3. 请在文中找出描写屠维岳性格和心理变化的词语。你觉得屠维岳是个怎样的人？

二、口语表达题

1. 与同学配合，分角色表演这个片段。
2. 你觉得在这场老板与员工的正面交锋中，谁占了上风？为什么？

小贴士：茅盾文学奖

1981 年 3 月 14 日，茅盾自知病将不起，将稿费 25 万元人民币捐出设立茅盾文学奖，以鼓励当代优秀长篇小说的创作。茅盾文学奖是中国最重要的文学奖项，每四年评选一次，参评作品必须是 13 万字以上的长篇小说。自 2011 年起，由于李嘉诚先生的赞助，茅盾文学奖的奖金从 5 万提升到 50 万，成为中国奖金最高的文学奖项。

第六章

中国现代文学

6.1 巴金：燃烧青春的赞歌

巴金

巴金是中国现代文学史上另一位重要的作家，他为文学史贡献了充满青春热情的长篇小说。

巴金1904年出生于四川成都的一个旧式大家庭，原名李尧棠。巴金的父亲是晚清一个正直的清官，母亲善良温和，富于同情心，教会巴金爱别人和其他生命，被巴金称为自己的“第一个先生”。巴金从小同情下层人，同情家中的仆人。巴金十多岁时，母亲和父亲相继去世，巴金开始体验到封建大家庭内部的冷漠、虚伪和丑恶。“五四”运动后，巴金和大哥、三哥一起贪婪地阅读《新青年》等杂志，受到新思潮的影响，参加一些反封建的活动。1923年，巴金到上海、南京求学，1927年赴法国留学。巴金大量阅读法国大革命史，被无政府主义思想所吸引，幻想成为职业革命家，通过革命斗争改变不合理的社会，建立公平、公正、自由的新社会。但无政府主义在中国很快破产，巴金参与的政治活动也都以失败而告终。文学，让巴金找到了表达理想失落和痛苦情绪的最好出口。巴金就是他1928年在巴黎的阁楼上创作中篇小说《灭亡》时使用的笔名，来自他所崇拜的两位俄国无政府主义者巴枯宁和克鲁泡特金的名字。

《灭亡》1929年1月至4月在《小说月报》上连载，塑造了一个以生命为代价向黑暗社会复仇的职业革命者杜大心的形象。杜大心患有肺结核，他强烈渴望平等、公正、博爱，带着对黑暗社会的仇恨，以刺杀的方式来反抗专制暴政，最后自己也英勇献身。“五四”以来的新文学缺少英雄形象，充满了感伤情调，杜大心的正义感和崇高的牺牲精神，在当时的社会尤其是青年中引起了热烈的反应。巴金1929年回国，此后又创作了一系列革命题材的小说，大多是写旧家庭的崩溃和青年一代的精神追求，作品中燃烧的叛逆与躁动的情绪，在20世纪20年代末30年代初沉闷的中国社会，特别能引起青年人的共鸣。

出版于1933年的长篇小说《家》，是巴金影响最大、最畅销的作品。小说以20年代初期四川内地城市成都为背景，真实地描写了封建大家庭高家腐烂、溃败的历史。表面上看，高家一家人"知书达理，事事如意"，尊卑有序；但实际上，大家庭内部处处是为了利益勾心斗角、尔虞我诈。高家的家长高老太爷以封建礼教专制地管理着大家庭，儿戏般地拆散孙子辈的爱情和婚姻，把丫鬟卖给恶棍做小妾，给年轻一代和下层的仆婢造成悲剧性的命运。第二代的高克安、高克定是只会吃喝玩乐的"败家子"，为了争夺高老太爷的家产耍尽花招，大闹分家。小说重点表现了高家觉醒了的第三代同这个罪恶家庭的斗争。觉慧是一个寄寓着巴金理性主义激情的形象，他用"大胆，大胆，永远大胆"来鼓励自己面对强大的传统势力勇敢行动，他憎恨一切违反人道、戕害人性的虚伪道德和习俗，敢于对抗高老太爷的旨意，热情地投入社会革命活动，编辑进步刊物，帮助二哥觉民逃婚，最后毅然决然地从这腐败的家庭出走。

相比于勇敢大胆的觉慧，大哥觉新的形象更加生动、完整。觉新是高家的长房长孙，从小就是一个听话孝顺的孩子，他曾经有做化学家的梦想，读书也很用功。可是中学临近毕业，他就被祖父招回家中结婚。父亲死后，长房的责任全落到他的肩上，在上有祖父叔叔、下有弟妹的大家庭中，他成了调和上下左右各种矛盾并代上下左右受过的"中间物"，有责任却无权利，这样的处境使觉新奉行"作揖主义"，养成了处处妥协的处事方式。"五四"运动开始，他也跟弟弟们一起如饥似渴地阅读《新青年》，麻木的心灵似乎开始复活。然而，一遇到个人选择与大家庭观念的抵牾，觉新就以自我牺牲的方式来换取大家庭表面的和谐安宁。因为优柔寡断，性格懦弱，他接连失去了生命中最亲爱的两个女人：与他青梅竹马的梅表妹被拆散，抑郁而死；妻子瑞珏在长辈们"血光之灾"的迷信中被逐出家门，惨死在郊外冰冷的土屋。觉新是一个有着觉醒的意识却没有行动的青年，他的悲剧命运，不仅是性格的，也是时代的，是他充满矛盾的性格和那个新旧交替的时代共同决定了他不可逃脱的被牺牲者的结局。

高觉新是巴金以自己的大哥李尧枚为原型塑造的，然而可惜的是，《家》才写到第六章时，巴金的大哥因受不住家庭的巨大压力服毒自杀了，这更坚定了巴金对封建礼教的控诉，在《家》之后，继续完成了《春》和《秋》，合称“激流三部曲”。

出版于 1947 年的《寒夜》是巴金的另一部代表作。小说以 1944—1946 年的重庆为背景，叙述了抗战胜利前夕一对青年夫妻的灰色生活与悲剧人生。汪文宣和曾树生都是出生于辛亥革命年即 1911 年的时代新人，他们曾经接受“五四”思想影响，是充满理想激情的教育学专业大学生，希望在教育领域施展才华，实现“教育救国”的理想。然而，战争和贫困毁掉了一切梦想，甚至毁掉了他们的青春、激情和爱。最终，汪文宣一病不起，咳血而死。在抗战的胜利声中，随上司去兰州的曾树生回到重庆看望，没想到，汪文宣已埋葬，儿子也随婆母回了老家，曾树生在重庆的街上不知道去向何方。

与理性、冷静的茅盾不同，巴金是一个敏感、热情、单纯的作家，他将写作看成是自己生活的一个组成部分，真诚地记录和描写自己的生活经验，来“控诉”封建礼教的专制，来宣泄自己内心的痛苦，作品具有强烈的主观性和抒情性。巴金以青春的热情塑造的一个个青年形象——杜大心、高觉新、高觉民、高觉慧、汪文宣、曾树生……构成了中国现代文学人物画廊中独具特色的一个群体，吸引了以青年读者为主的广大读者，扩大了中国现代文学的影响。

练习

一、填空题

1. 巴金 1904 年出生于四川成都的一个李姓(　　　　),母亲对巴金的成长有深刻的影响,被他称为“第一个(　　　　)”。
2. “五四”运动后,巴金受新思潮影响,1927 年赴(　　　　)留学,开始创作,1928 年创作了中篇小说(　　　　),塑造了青年革命者的形象。
3. 出版于 1933 年的长篇小说(　　　　),是巴金影响最大、最畅销的作品。
4. 在《家》之后,巴金继续完成了《春》和《秋》,合称(　　　　　　)。
5. 出版于 1947 年的长篇小说(　　　　),以 1944—1946 年的(　　　　)为背景,叙述了抗战胜利前夕一对青年夫妻的灰色生活与悲剧人生。

二、论述题

1. 画出小说中大家庭“高家”的家庭结构图。你觉得“高家”是个怎样的封建大家庭?
2. 高觉新是《家》塑造得最成功的人物。请结合作品,分析他的性格特征和命运。

三、口语表达题

1. 巴金的童年和留学经历对他后来的创作有什么影响?
2. 你最欣赏《家》里的哪个人物? 为什么?

6.2　经典讲读视频

本视频讲读了巴金代表作《家》和《寒夜》，时长约 15 分钟。

1933 年出版的《家》和 1947 年出版的《寒夜》，分别是巴金前期和后期小说创作的代表作。这两部小说都以家庭为题材，前者描写了时代洪流冲击下封建大家庭的崩溃解体，表现了年轻一代的突围和命运；后者描写了抗战背景下小家庭的坎坷际遇，展现了小知识分子的困境与挣扎。

《家》的故事主要围绕高家第三代中的觉新、觉民和觉慧三兄弟展开。觉新受“五四”新思想影响，有觉醒的思想，却由于长房长孙的身份，没有觉醒的行动，面对家族内部的斗争，他采取“作揖主义”的妥协政策，处处敷衍讨好大家，以维持大家庭表面的和谐，最后不仅牺牲了自己的爱情，牺牲了心爱的妻子，也没有挽回大家庭土崩瓦解的结局。视频讲读不仅分析了高觉新这个最有艺术价值的小说人物，也分析了觉民和觉慧的性格，展示了青年人以革命的方式冲决出封建大家庭、获得个人解放的道路。

《寒夜》以抗战时期的重庆为背景，围绕汪文宣、曾树生夫妇和汪母之间的矛盾展开故事情节，表现了抗战时期勤恳、忠厚、善良的小知识分子的命运。汪文宣就像是一个活在抗战时期的高觉新，默默承受着来自社会与家庭的双重压力，最后贫病交加，死在抗战胜利的炮声中。曾树生是一个追求自由幸福的现代女性，想摆脱强势的婆婆和软弱的丈夫，离家出走，等到抗战胜利回到重庆，发现已经家破人亡，身心并未获得真正意义上的解放。

节选的《家》和《寒夜》的片段，分别聚焦于人物对“家”的态度描写，共同表现了“家”对心灵的禁锢以及主人公追求自由的愿望。

6.3　经典阅读：巴金《家》片段、《寒夜》片段

(1) 巴金《家》(节选)

“我又有什么办法呢?”觉新以为自己是世界上最不幸的人。

“你不记得爹临死时是怎样把我们交给你的？你说你对得起爹吗?”觉慧愤怒地责备觉新道。

觉新不答话，他开始抽泣起来。

“我如果处在你的地位，我决不像你这样懦弱无用。我要自己作主，替二哥拒绝了冯家亲事。我一定要这样做!”

“那么爷爷呢?”过了许久，觉新才抬起头这样地说了一句。

“爷爷的时代已经过去了。难道你要二哥为了爷爷的成见牺牲吗?”

觉新又埋下头去，不作声。

“你真是个懦夫!”觉慧这样地骂了哥哥一句，就走开了。

觉慧去了，剩下觉新一个人在房里。房里显得十分孤寂，十分阴暗，空气沉重地向他压下来。他的作揖主义和无抵抗主义已经失了效力，它们没法再跟大家庭的现实调和了。他为了满足一切的人，甚至牺牲了自己的幸福，但是结果依旧不曾给他带来和平与安宁。他自愿地从父亲的肩头接过了担子，把扶助弟妹的事情作为自己的生活的目标，他愿意为他们牺牲一切。可是结果他赶走了一个弟弟，又被另一个弟弟骂为懦夫，他能够拿什么话安慰自己呢?在这样地思索了许久以后，他给觉民写了一封非常恳切的信。在信里他把自己的心忠实地解剖了，他叙说了自己的困难的地位和悲哀，他叙说了他们兄弟间的友爱，最后他要求觉民看在亡故的父亲的面上，为了一家的安宁立刻回家来。

他找到觉慧，把信交给觉慧看，要觉慧给觉民送去。

觉慧读着信，流了眼泪，默默地摇摇头，依旧把信装在封套里。

觉民的回信来了，当然是由觉慧带来的，信里有这样的话：

等了这许久，只得着你底这样一封信，老实说，我是多么地失望啊！……回来，回来，你反复地这样说。……我这时候坐在一个小房间里面，好像是一个逃狱的犯人，连动也不敢动，恐怕一动就会被捉回到死囚牢中去。死囚牢就是我底家庭，刽子手就是我底家族。我们家里的人联合起来要宰割我这个没有父母的孤儿。没有一个人肯顾念到我底幸福，也没有一个爱我的人。是的，你们希望我回来，我一回来你们底问题就解决了，你们可以得到安宁了，你们又多看见一个牺牲品了。自然你们是很高兴的，可是从此我就会沉沦在苦海里了。……请你们绝了妄想罢，我底条件不接受，我是决不会回来的。在我们家里我已经没有什么可以留恋的了，我带走了那么多的痛苦的回忆，这些回忆至今还使我心痛，它们常常压迫我，减少我前进的勇气。然而我有爱情来支持我。你也许会奇怪为什么我这次会有这样大的勇气。是的，连我自己以前也想不到。现在我有了爱情了。我明白我不仅为我自己奋斗，我是在为两个人底幸福奋斗，为了她底幸福我是要奋斗到底的。……大哥，你猜我这时候在想什么呢？我在想家里的花园，想从前的游伴，我在想儿时的光阴。帮助我罢，看在父亲底面上，为了你做哥哥底情份。帮助我罢，即使不为着我，你也该为着她，为她底幸福着想，你也该给她帮忙。至少想着她底幸福，你也该感动罢。一个梅表姐已经够使人心酸了，希望你不要制造出第二个梅表姐来。……

觉新的眼泪沿着面颊流下来，他自己并不觉得，他好像落在深渊里去了。四周全是黑暗，没有一线光明，也没有一线希望。他只是喃喃地说了两句："他不谅解我，没有一个人谅解我。"

觉慧在旁边看着，又是气愤，又是怜惜。觉民的信他不但先看过，而且他还替觉民出主意写上了某一些话。他预料这封信一定会感动觉新，使他拿出勇气给觉民帮忙。然而如今他却听见这样的话。他想责备觉新，但是责备又有什么用处呢？觉新已经变成了这样的人，而且已经没有自己的意志了。

“这个家一点希望也没有了，索性脱离了也好。”觉慧心里这样想。在这一刻他不仅对觉民的事情不悲观，而且他自己也有了另外的一种思想，这个思想现在才开始发芽，不过也许会生长得很快。

(2) 巴金《寒夜》(节选)

“我的心乱得很。你送我回去罢。”她又害羞，又兴奋，可是又痛苦；而且还有一种惶惑的感觉：她仿佛站在十字路口，打不定主意要往什么地方去。

“可是你还没有回答我啊，”他低声催促道。

她不作声。她的脸仍然发热，左边脸颊特别烫，心不但跳得急，好象还在向左右摇来摆去。她没有一点主意，她的脑子也迟钝了。江面上横着一片白蒙蒙的雾，她也没有注意到雾是什么时候加浓的，现在却嗅到雾的气味了，那种窒息人的、烂人肺腑似的气味。夜在发白，雾弥漫到岸上来了。雾包围着她。她除了他外，看不见一个人。那一对青年男女已经被雾吞食了。她有点胆怯。她仿佛听见一个熟习的声音轻轻说着：“我只会累你们。”她打了一个冷噤。她再说一句：“我们还是回去罢。”先前被引起来的那一点浪漫的情感已经消失了。

“时候还早呢！我们再找个地方坐坐好不好?”他说。

“我想早点回去，”她短短地说。“明早晨八点钟我在冠生园等你。”

“那么你明天一定要回答我啊，”他郑重地叮嘱道。他很高兴，他相信她一定会给他一个满意的回答。

“明天，好的，”她点头答道。她把左手插在他的右胳膊底下，挽着他的右膀，走下人行道，向浓雾掩罩的街心走去。

他们默默地走了一会儿。他忽然关心地问她："你家里有什么事情吗？你今天好象不大高兴。"

"没有，"她摇摇头说，她仍旧挽住他的膀子在雾中走着。她有一种茫然的感觉。她有一点怕，又有一点烦，她只想抓住一件东西，所以她更挽紧他的膀子。

"这样离开你，我实在不放心，"他又说，"你在这里不会过得好。"

他的话使她想到别的事情。她觉得心酸，她又起了一种不平的感觉。这是突然袭来的，她无法抵抗。她想哭，却竭力忍住。没有温暖的家，善良而懦弱的患病的丈夫，自私而又顽固、保守的婆母，争吵和仇视，寂寞和贫穷，在战争中消失了的青春，自己追求幸福的白白的努力，灰色的前途……这一切象潮似地涌上她的心头。他说了真话：她怎么能说过得好呢？……她才三十四岁，还有着旺盛的活力，她为什么不应该过得好？她有权利追求幸福。她应该反抗。她终于说出来了："走了也好，这种局面横顺不能维持长久。"声音很低，她象是在对自己的心说话。

"那么就决定搭这班飞机罢。到了兰州一切问题都容易解决，"他惊喜地大声说。

"不！"她惊醒般地说。但是接着她又添上一句："我明天回答你。"

"明天？这一晚上的时间多长啊，"他失望地叹息道。

"我得回去好好想一想，这回我要打定主意了，"她说，她并没有感到爱与被爱的幸福。她一直在歧途中彷徨，想决定一条路。可是她一直决定不了。

"那么你明天不会拒绝罢，"他结束地说，希望还不曾完全消失。"明天八点钟在冠生园，我等你答复。"

"明天我也许会决定走，"她说，"这里的雾我实在受不了，好象我的心都会给它烂掉似的。这两年我也受够了。"她心烦，她想反抗。可是她的眼前只有白茫茫的一片雾。她看不见任何的远景。

练习

一、论述题

1. 觉慧对于大哥不愿意帮助觉民的态度，是怎样的反应？
2. 对于觉民的逃婚，觉慧的斥责，觉新的心情是怎样的？请以觉新的口吻，给觉民写一封信。
3.《寒夜》节选了曾树生想走出小家庭，跟老板离开重庆到兰州去的一段。你觉得她的心理经历了怎样的变化？

二、口语表达题

1. 请朗读觉民写给觉新的回信，体会觉民对大家庭的复杂感情。
2. 朗读从“她觉得心酸”到“她象是在对自己的心说话”片段，体会曾树生的矛盾心理。

中国现代文学

第七章

7.1　老舍与老北京的市民世界

老舍与茅盾、巴金并称三十年代长篇小说“三大家”。

老舍

老舍原名舒庆春，又名舍予，1899 年出生于北京一个满族平民家庭，因为出生那天是中国农历节气立春，父母给他取名“庆春”，寄寓了庆贺春来、前景美好之意。老舍的父亲是守卫皇城的旗兵，在八国联军攻打北京城时战死。老舍的母亲终年靠给人洗衣缝补维持全家的生计。老舍称母亲给了他“生命的教育”，即使贫穷，也保持着正直善良、刚毅乐观的品性，接济一样贫穷需要帮助的人。

老舍读过四年私塾，三年小学，半年中学和三年师范学校。由于天资聪颖，勤奋好学，老舍师范毕业后就做了方家胡同市立小学的校长，三年后升为劝学。1922 年，由于跟教育界和地方上的旧势力很难共事，老舍辞职，到天津南开中学教国文。同年，老舍加入基督教，热衷社会服务事业。1924 年至 1929 年，老舍在英国伦敦大学东方学院做汉语教员，是中国现代最早的国际汉语教师。为了学习英语，老舍大量阅读狄更斯等作家的小说，在中西文化的冲突中，也萌生了创作小说的念头。老舍在英国共创作了三部长篇小说《老张的哲学》《赵子曰》和《二马》，在欧洲文明的参照下反思批判中国的国民性。1929 年，老舍途经新加坡回到北平。与繁华的欧洲和生机勃勃的新加坡相比，死气沉沉的北平令老舍极度失望，他很快离开北平到山东的大学任教，边写作边教学，后来辞职专门从事写作，创作了《猫城记》《离婚》《月牙儿》《骆驼祥子》等在现代文学史上具有重要地位的作品。

1937 年卢沟桥事变后，老舍到武汉，负责中华全国文艺界抗敌协会的事务，广泛团结文艺界的作家艺术家为抗战贡献力量。1939 年，老舍在英期间参与翻译完成的英文版《金瓶梅》在伦敦出版，译名为 *The Golden Lotus*，是西方比较权威的《金瓶梅》译本。1946 年至 1949 年，老舍和话剧家曹禺一道应邀赴美国讲学。1949 年以后，老舍回到北京，写了不少通俗文学，话剧《龙须沟》为他赢得了“人民艺术家”的称号，1958 年的话剧《茶馆》则是当代话剧史上的经典作品，至今常演不衰。1966 年 8 月 23 日，老舍因不堪屈辱，在北京太平湖投水自尽。

在中国主要有两种市民社会：一种是以上海为代表的市民社会，消费场所主要是跳舞厅、跑马场等，一切都是洋化的东西，这跟上海曾经是租界地有很大关系。一种是以北京为代表的市民社会，消费场所主要是茶馆、戏院等，这与北京是几朝古都的历史也很有关系。老舍出生、成长于老北京的市民社会，也执着地描写广大的市民与这座北方大都市之间的关系。老舍笔下的市民世界包罗万象，有像《离婚》中整天帮人做媒、反对离婚的张大哥，《二马》中讲面子、讲虚礼、“官本位”的老马先生；也可以看到像《牺牲》里的洋博士那样食“洋”不化又浅薄势利的新派市民。在新和旧的格局中，老舍以文化的眼光和宽容的态度，给予了那些皇城根下的老派市民宽厚的爱护，他既看到他们敷衍妥协、妄自尊大的弱点，也欣赏他们的旷达和趣味，对他们既有温和的讽刺，更有普遍的同情。

老舍的小说中还有不少是生活在最底层的城市贫民，他们有拉车的，糊纸棚的，在天桥卖艺的，做小买卖的，当苦力的，做妓女的，做巡警的，当兵的，三教九流，五行八作都有，这些人就像老舍童年居住的胡同里的邻居们，是老舍最为熟悉也最为同情的。中篇小说《月牙儿》和长篇小说《骆驼祥子》是老舍描写城市贫民最成功的小说。《月牙儿》写的是旧社会母女二人先后被迫堕落为妓女的悲惨遭遇。《骆驼祥子》讲述的是一个普通人力车夫的故事。祥子是一个流落到城市的 18 岁青年农民，高大健壮，老实善良，自尊好强，他希望靠自己的吃苦耐劳有一个更好的生活。祥子最大的愿望就是拼命挣钱买一辆自己的车，做个独立的劳动者，他三年省吃俭用，攒下钱来，终于买了第一辆车，刚拉半年，就在兵荒马乱中被匪兵抢走。在逃生的途中，祥子幸运地捡到三匹骆驼，卖了钱准备积攒起来买第二辆车，不久，所有的积蓄又被侦探敲诈走，买车的梦想再次成为泡影。祥子被车行老板的女儿虎妞看中，祥子虽然讨厌这个又老又丑、蛮横霸道的老姑娘，却也抵挡不住性的诱惑，不得不与虎妞结婚，并用虎妞的私房钱买了第三辆车。不久虎妞死于难产，祥子不得不卖掉人力车去料理丧事。三次买车，三次失车，祥子的人生理想一次次破灭，他和虎妞畸形的婚姻也摧毁了男性的自尊，再加上他心爱的女人小福子的自杀，祥子彻底失去了对生活的信心，曾经“体面的、要强的、好梦想的”祥子，变成了一具吃喝嫖赌、到处骗钱、好占便宜的行尸走肉，最后只能靠给人干红白喜事做杂工维持生计。

祥子的遭遇看似偶然，但在二三十年代那个动荡黑暗的社会中，却有着必然性，在那个混乱的社会里，个人的奋斗是无法实现的。老舍凭着对北京下层市民生活的熟悉和同情，真实地描绘了北京城市贫民的生活状态。同时，老舍也冷静地看到了祥子自身的性格弱点，他自私，死命赚钱，不合群，这也注定了他的孤独、脆弱，最终走向了个人主义的末路。老舍通过《骆驼祥子》既批判了中国旧社会的黑暗现实，也反省了城市中被金钱所腐蚀的人际关系，使得祥子的悲剧有了深刻的社会批判和国民性批判的意义。

练习

一、填空题

1. 老舍 1899 年出生于北京一个（　　　）族平民家庭，因为出生那天是中国农历节气（　　　），父母给他取名“庆春”，寄寓了庆贺春来、前景美好之意。
2. 老舍曾经在（　　　）国当汉语老师，并开始尝试文学创作。
3. 中篇小说（　　　）和长篇小说（　　　），是老舍描写城市贫民最成功的小说。
4. 建国后，老舍创作了话剧（　　　）和（　　　），被誉为“（　　　）艺术家”。

二、论述题

1. 老舍笔下北京的市民社会有什么特点？老舍对不同类型的市民态度是怎样的？
2. 你觉得是什么导致祥子走向了堕落，请分析祥子悲剧命运的原因。

三、口语表达题

1. 请观察北京市地图，说一说，北京的城市结构有什么特点？跟你们国家的首都在城市结构上有什么不同？

7.2　经典讲读视频

本视频讲读了老舍的代表作长篇小说《骆驼祥子》，时长约为 14 分钟。

《骆驼祥子》讲述了北平城里一个年轻好强、充满生命力的人力车夫祥子三起三落的人生经历。18 岁的祥子从京郊入城，事业上的理想是能有一辆自己的黄包车，做一个独立的劳动者；婚姻上的理想就是能娶自己心爱的小福子，拥有一个幸福的家庭。可是，祥子三次买车，三次丢车，又被又老又丑的虎妞诱骗，最终自暴自弃，走向堕落。视频讲读介绍了祥子的生活经历，剖析了祥子悲剧的三方面成因：一是 20 世纪 20 年代那个不合理的旧社会，摧毁了祥子合理的人生梦想；二是车厂老板女儿虎妞的诱骗，使祥子失去了男性的尊严，三是祥子性格上的弱点，使他无法摆脱小农意识和个人主义的局限。

视频讲读还分析了《骆驼祥子》另外一个成功的人物形象虎妞，剖析了她同时作为受害者和压迫者的双重身份、扭曲性格和悲惨命运，对生活在祥子周围的下层社会的众多小人物做了描述，介绍了祥子所深爱的小福子的可怜结局。此外，视频还就《骆驼祥子》以“车”为核心意象的结构展开了分析。

节选的内容是祥子买到第一辆车时过生日的片段。

7.3 经典阅读：老舍《骆驼祥子》片段

老舍《骆驼祥子》(节选一)

整整的三年，他凑足了一百块钱！

他不能再等了。原来的计划是买辆最完全最新式最可心的车，现在只好按着一百块钱说了。不能再等；万一出点什么事再丢失几块呢！恰巧有辆刚打好的车(定作而没钱取货的)跟他所期望的车差不甚多；本来值一百多，可是因为定钱放弃了，车铺愿意少要一点。祥子的脸通红，手哆嗦着，拍出九十六块钱来："我要这辆车！"铺主打算挤到个整数，说了不知多少话，把他的车拉出去又拉进来，支开棚子，又放下，按按喇叭，每一个动作都伴着一大串最好的形容词；最后还在钢轮条上踢了两脚，"听听声儿吧，铃铛似的！拉去吧，你就是把车拉碎了，要是钢条软了一根，你拿回来，把它摔在我脸上！一百块，少一分咱们吹！"祥子把钱又数了一遍："我要这辆车，九十六！"铺主知道是遇见了一个心眼的人，看看钱，看看祥子，叹了口气："交个朋友，车算你的了；保六个月：除非你把大箱碰碎，我都白给修理；保单，拿着！"

祥子的手哆嗦得更厉害了，揣起保单，拉起车，几乎要哭出来。拉到个僻静地方，细细端详自己的车，在漆板上试着照照自己的脸！越看越可爱，就是那不尽合自己的理想的地方也都可以原谅了，因为已经是自己的车了。把车看得似乎暂时可以休息会儿了，他坐在了水簸箕的新脚垫儿上，看着车把上的发亮的黄铜喇叭。他忽然想起来，今年是二十二岁。因为父母死得早，他忘了生日是在哪一天。自从到城里来，他没过一次生日。好吧，今天买上了新车，就算是生日吧，人的也是车的，好记，而且车既是自己的心血，简直没什么不可以把人与车算在一块的地方。

怎样过这个"双寿"呢？祥子有主意：头一个买卖必须拉个穿得体面的

人，绝对不能是个女的。最好是拉到前门，其次是东安市场。拉到了，他应当在最好的饭摊上吃顿饭，如热烧饼夹爆羊肉之类的东西。吃完，有好买卖呢就再拉一两个；没有呢，就收车；这是生日！

自从有了这辆车，他的生活过得越来越起劲了。拉包月也好，拉散座也好，他天天用不着为"车份儿"着急，拉多少钱全是自己的。心里舒服，对人就更和气，买卖也就更顺心。拉了半年，他的希望更大了：照这样下去，干上二年，至多二年，他就又可以买辆车，一辆，两辆……他也可以开车厂子了！

可是，希望多半落空，祥子的也非例外。

老舍《骆驼祥子》(节选二)

人把自己从野兽中提拔出，可是到现在人还把自己的同类驱逐到野兽里去。祥子还在那文化之城，可是变成了走兽。一点也不是他自己的过错。他停止住思想，所以就是杀了人，他也不负什么责任。他不再有希望，就那么迷迷忽忽的往下坠，坠入那无底的深坑。他吃，他喝，他嫖，他赌，他懒，他狡猾，因为他没了心，他的心被人家摘了去。他只剩下那个高大的肉架子，等着溃烂，预备着到乱死岗子去。

冬天过去了，春天的阳光是自然给一切人的衣服，他把棉衣卷巴卷巴全卖了。他要吃口好的，喝口好的，不必存着冬衣，更根本不预备着再看见冬天；今天快活一天吧，明天就死！管什么冬天不冬天呢！不幸，到了冬天，自己还活着，那就再说吧。原先，他一思索，便想到一辈子的事；现在，他只顾眼前，经验告诉了他，明天只是今天的继续，明天承继着今天的委屈。卖了棉衣，他觉得非常的痛快，拿着现钱作什么不好呢，何必留着等那个一阵风便噎死人的冬天呢？

慢慢的，不但是衣服，什么他也想卖，凡是暂时不用的东西都马上出手。他喜欢看自己的东西变成钱，被自己花了；自己花用了，就落不到别人手中，这最保险。把东西卖掉，到用的时候再去买；假若没钱买呢，就干脆不用。脸不洗，牙不刷，原来都没大关系，不但省钱，而且省事。体面给谁看呢？穿着破衣，而把烙饼卷酱肉吃在肚中，这是真的！肚子里有好东西，就是死了也有些油水，不至于像个饿死的老鼠。

练习

一、填空题

1. 原来的计划是买辆最（　　　）最（　　　）最（　　　）的车，现在（　　）按着一百块钱说了。不能再等；（　　　）出点什么事再丢失几块呢！
2. 祥子的手（　　　）得更厉害了，（　　　）起保单，（　　　）起车，几乎要（　　　）出来。拉到个（　　　）地方，细细（　　　）自己的车，在漆板上试着（　　　）自己的脸！
3. 可是，希望（　　　）落空，祥子的（　　　）例外。

二、论述题

1. 文中"双寿"是什么意思？
2. 祥子最后的结局是怎样的？你怎么理解片段（二）中的第一句话："人把自己从野兽中提拔出，可是到现在人还把自己的同类驱逐到野兽里去。祥子还在那文化之城，可是变成了走兽。"

三、口语表达题

1. 朗读从"祥子的脸通红"到"保单，拿着！"片段，体会祥子买车时的紧张心情和老舍的语言艺术。
2. 祥子为什么觉得第一单生意的客人"绝对不能是个女的"？请结合你对中国文化的认识，谈谈你的理解。

第八章 中国现代文学

8.1 “乡下绅士”沈从文的湘西世界

沈从文

在20世纪30年代的中国文坛，无论是文学主张，还是小说风格，沈从文都与茅盾、老舍、巴金非常不同，是一位独具特色的“京派”作家。

沈从文原名沈岳焕，1902年出生于湖南省凤凰县。这是一个汉族和苗族、土家族等少数民族杂处的地方，风景如画，民风彪悍。沈从文是苗族人，只读过两年私塾，他生性活泼好动，上学并不用功，常常逃学，去外面撒野，到土地庙看傩戏，到河滩上看被处决的犯人。沈从文在自传《我读一本小书同时又读一本大书》中回忆，这使他在书本之外，有机会了解人生这本“大书”，从中学习到丰富的生活智慧。14岁时，沈从文按照当地风习进入地方部队，随当地的土著部队流徙于湘（湖南）、川（四川）、黔（贵州）边境和沅水流域一带。因此，沈从文自小熟悉这片土地上人们独特的生活方式和乡土风俗，性情和创作也得到了沅水的滋养。

“五四”新文学也影响到了湘西凤凰小城。1922年，沈从文脱下军装，离开军队，来到北京，希望通过读书、写作，成为一个现代的文化人。沈从文在北京的生活非常困窘，一边到北京大学旁听，一边写作投稿，生活无着，饥寒交迫。在绝望中，他给著名作家郁达夫写信求助。郁达夫到沈从文的“窄而霉小斋”看望他，慷慨解囊，并激愤地写下了《给一个文学青年的公开状》，抨击当时社会的种种不合理，表达读书人绝望愤懑的心情。1924年，沈从文开始在北京一些著名的报纸和杂志上发表作品，慢慢崭露头角。四年以后，当他迁居上海的时候，已经是小有名气的青年作家了。1929年，在胡适的推荐下，沈从文到上海的中国公学任教，从此结束了文学青年的漂泊生涯，创作也渐入佳境。30年代起，沈从文在北京主编著名的《大公报》文艺副刊，组织北京、天津等地一些文学观点相近的作家，形成了“京派”作家群。他自己的创作也走上了一条独特的道路，而且先后被青岛大学、西南联大（抗战时期由北京大学、清华大学、南开大学联合组成）等大学延聘，教授“写作”等课程，实现了他梦寐以求的作家、大学教授的梦想。

沈从文少年漂泊、通过自学成为大学教师的经历充满了传奇色彩，但是，真的从一个“乡下人”成为“城里人”，沈从文发现，自己与城市文明始终有着一层难以消除的隔膜，在生活经验、知识甚至价值观上，都有着后天无法沟通的地方。沈从文一生都称自己是个“乡下人”，一个具有乡下人眼光的都市知识分子。在沈从文的价值观中，“城市”与“乡下”是对立的，城市所谓的“现代”文明充满了虚伪、虚弱和扭曲人性的异化，而所谓“落后”的乡下，却充满了原始、强壮、活泼的生命和自然、淳朴、美善的人性光辉。沈从文以文学的感性来表达这样的评价尺度。他的小说按照题材大致可以分为两类：一类主要表现城市人的虚伪、势利和冷漠，代表作是出版于1935年的《八骏图》，通过对八位大学教授扭曲的性心理的刻画，揭示了他们道德观的虚伪，深刻反思了30年代知识分子的畸形人格及其社会成因。沈从文最有成就的是第二类小说——以他出生并成长的“湘西”为主题的一系列作品，贡献了在中国现代文学史上独具传奇色彩的“湘西世界”。

沈从文用水一样充满灵性的流动着的文字，书写湘西儿女，书写他们的生命，他们的情感，他们的智慧和无奈。在沈从文的笔下，故乡的农民、士兵，终身漂泊的水手、船工，吊脚楼上的下等妓女，还有童养媳、小伙计，等等，每一个角色都得到了充分的关注和同情。譬如，《萧萧》中的萧萧12岁就给只有3岁的“小丈夫”做了童养媳，被长工花狗引诱，侥幸逃过被沉潭淹死的处罚，在等待被发卖的日子里，萧萧生下一个白胖的大儿子，便被留了下来。小说最后，是萧萧看着自己的儿子迎娶童养媳。与“五四”文学批判童养媳的乡村陋俗不同，沈从文着力表现的是萧萧像棵野蓖麻一样自然生长的自在的生命状态。

最能代表沈从文创作风格和文学成就的，是1934年出版的长篇小说《边城》。小说描写老船夫和他的孙女翠翠相依为命的淳朴生活，以及翠翠一段尚未开始就结束了的朦胧爱情。在小山城的小溪边，翠翠就像一只小鹿，“在风日里长养着，故把皮肤变得黑黑的，触目为青山绿水，故眸子清明如水晶”，天真活泼，健康善良。翠翠是母亲与当地一个兵士的私生女，父母因为这段不道德而无望的爱情相继离开人世。翠翠从小生活里只有爷爷、渡船和黄狗，就这样浑然自在地长到了 15 岁。当地掌水码头船总的两个儿子大老天保和二老傩送同时爱上了翠翠，兄弟俩用唱山歌的浪漫方式竞争，让翠翠自己从中选择。傩送是唱歌好手，天保自知唱不过弟弟，心灰意冷，断然驾船远行做生意，出事淹死了。船总因为儿子天保的死对老船夫变得冷淡，不愿意翠翠再做傩送的媳妇。傩送最后也孤独地出走，不知漂泊到什么地方。爷爷也在雷雨之夜悄无声息地去世。翠翠的命运，是否也会像被雨水冲走的渡船、坍塌的白塔，孤苦无依，不知所终？

《边城》所描写的湘西，自然风光秀丽，民风淳朴，人们不讲等级，不谈功利，祖孙俩相依为命的情感，翠翠对傩送纯真的爱，天保兄弟间诚挚的手足之情，这些湘西人生命的形态和人生的方式，寄托着沈从文“爱”与“美”的美学理想，用沈从文的话来说，小说表现了一种“优美，健康，自然，而又不悖乎人性的人生形式”，代表着未受污染的农业文明的传统美德。但“美丽总是令人忧愁”，老船夫的木讷寡言，翠翠在少女成长过程缺乏母爱的孤独，船总对爷爷的误会，都让我们感受到人与人之间的无法沟通，感受到人在无常的命运面前的无奈与无助，产生对生命的悲悯。

“京派”主张文学要远离政治，远离商业，书写“乡土中国”的人情风俗和永恒的人性。《边城》仿佛一首优美的田园牧歌，以明净的自然和明净的心灵讴歌人性之美，最好地诠释了“京派”的文学观，成为现代文学的经典。

练习

一、填空题

1. 沈从文在北京的生活陷入困境，著名作家（　　　　）帮助了他。
2. 1929 年，沈从文在（　　　　）的推荐下，进入上海的中国公学任教，结束了文学青年的漂泊生涯。
3. 1930 年代，沈从文在北京主编著名的《大公报》文艺副刊，组织北京、天津等地一些文学观点相近的作家，形成了（　　　　）作家群，主张文学要远离（　　　　），远离（　　　　），书写永恒的（　　　　）。
4. 短篇小说《萧萧》中的女主人公萧萧是一个很小就被出嫁的（　　　　）。

二、论述题

1. 与绝大多数中国现代作家相比，沈从文的出生环境和成长经历有什么特别之处？这对他的创作有怎样的影响？
2. 沈从文的小说主要有哪两类题材？
3. 概述《边城》的故事情节。你觉得翠翠的爱情悲剧是如何造成的？小说如何体现了沈从文“爱”与“美”的理想？

三、口语表达题

1. 请结合萧萧和翠翠的命运，说一说你对文中“美丽总是令人忧愁”这句话的理解。

8.2　经典讲读视频

本视频讲读沈从文的代表作《边城》，时长约为 15 分钟。

《边城》是沈从文最有特色的中篇小说，以 20 世纪 30 年代川湘交界的边城小镇茶峒为背景，讲述了翠翠和天保、傩送兄弟俩一段尚未展开就夭折了的青春爱情，优美、动人而感伤，展现了人性的善良与美好。视频讲读介绍了《边城》的主要故事情节，分析了小说如何通过诗意的文字和环境描写，展示人与自然和谐共生的恬静画面；如何通过简单淳朴的人物关系，展现远离现代社会的自然的人性。

美丽的自然风光、淳朴的小城百姓，潇洒英勇的少年、纯洁腼腆的少女，构成了一个近乎完美的理想之国，但《边城》不只是一部温暖的作品，它后面还隐伏着作者很深的悲剧感。视频讲读分析了这种悲剧感不仅来自命运的无常，更来自人与人之间无法消除的隔膜。这种优美、温暖和悲剧意蕴的交融，使得《边城》拥有了超越时空的永恒魅力，成为现代文学史上当之无愧的经典之作。

节选的片段是小说的第一部分，描写了边城小镇茶峒的自然之美和淳朴民风，以及翠翠和爷爷相依为命的生活。

8.3 经典阅读：沈从文《边城》片段

由四川过湖南去，靠东有一条官路。这官路将近湘西边境到了一个地方名为“茶峒”的小山城时，有一小溪，溪边有座白色小塔，塔下住了一户单独的人家。这人家只一个老人，一个女孩子，一只黄狗。

小溪流下去，绕山岨流，约三里便汇入茶峒的大河，人若过溪越小山走去，则只一里路就到了茶峒城边。溪流如弓背，山路如弓弦，故远近有了小小差异。小溪宽约廿丈，河床为大片石头作成。静静的水即或深到一篙不能落底，却依然清澈透明，河中游鱼来去皆可以计数。小溪既为川湘来往孔道，限于财力不能搭桥，就安排了一只方头渡船，一次连人带马，约可以载二十位，人数多时则反复来去。渡船头竖了一枝小小竹竿，挂着一个可以活动的铁环，溪岸两端水面牵了一段废缆，有人过渡时，把铁环挂在废缆上，船上人则引手攀缘那横缆，慢慢的牵船过对岸去。船将拢岸了，管理这渡船的，一面口中嚷着“慢点慢点”，自己霍的跃上了岸，拉着铁环，于是人货牛马全上了岸，翻过小山不见了。渡头为公家所有，故过渡人不必出钱，有人心中不安，抓了一把钱掷到船板上时，管渡船的必为一一拾起，仍然塞到那人手心里去，俨然吵嘴时的认真神气：“我有了口量，三斗米，七百钱，够了！谁要这个?!”

但不成，不管如何还是有人把钱的。管船人也为了心安起见，便把这些钱托人到茶峒去买茶叶和草烟，将茶峒出产的上等草烟，挂在自己腰带边，过渡的谁需要这东西皆慷慨奉赠，估计那远路人对于身边草烟引起了相当的注意时，便把一小束草烟扎到那人包袱上去，一面说，“不吸这个吗，这好的，这妙的，送人也合式!”茶叶则在六月里放进大缸里去，用开水泡好，给过路人解渴。

管理这渡船的，就是住在塔下的那个老人。活了七十年，从二十岁起便守在这小溪边，五十年来不知把船来去渡了若干人。年纪虽那么老了，本来应当休息了，但天不许他休息，他仿佛便不能够同这一分生活离开。他从不思索自己的职务对于本人的意义，只是静静的很忠实的在那里活下去。代替了天，使他在日头升起时，感到生活的力量，当日头落下时，又不至于思量与日头同时死去的，是那个伴在他身旁的女孩子。他唯一的朋友为一只渡船与一只黄狗，唯一的亲人便只那个女孩子。

女孩子的母亲，老船夫的独生女，十五年前同一个茶峒军人，很秘密的背着那忠厚爸爸发生了暧昧关系。有了小孩子后，这屯戍军士便想约了她一同向下游逃去。但从逃走的行为上看来，一个违悖了军人的责任，一个却必得离开孤独的父亲。经过一番考虑后，军人见她无远走勇气，自己也不便毁去作军人的名誉，就心想：一同去生既无法聚首，一同去死当无人可以阻拦，首先服了毒。事情业已为作渡船夫的父亲知道，父亲却不加上一个有分量的字眼儿，只作为并不听到过这事情一样，仍然把日子很平静的过下去。女儿一面怀了羞惭一面却怀了怜悯，仍守在父亲身边，待到腹中小孩生下后，却到溪边吃了许多冷水死去了。在一种奇迹中这遗孤居然已长大成人，一转眼间便十三岁了。为了住处两山多篁竹，翠色逼人而来，老船夫随便为这可怜的孤雏，拾取了一个近身的名字，叫作"翠翠"。

翠翠在风日里长养着，故把皮肤变得黑黑的，触目为青山绿水，故眸子清明如水晶。自然既长养她且教育她，故天真活泼，处处俨然如一只小兽物。人又那么乖，如山头黄麂一样，从不想到残忍事情，从不发愁，从不动气。平时在渡船上遇陌生人对她有所注意时，便把光光的眼睛瞅着那陌生人，作成随时皆可举步逃入深山的神气，但明白了人无机心后，就又从从容容的在水边玩耍了。

老船夫不论晴雨，皆守在船头。有人过渡时，便略弯着腰，两手缘引了竹缆，把船横渡过小溪。有时疲倦了，躺在临溪大石上睡着了，人在隔岸招手喊过渡，翠翠不让祖父起身，就跳下船去，很敏捷的替祖父把路人渡过溪，一切皆溜刷在行，从不误事。有时又与祖父黄狗一同在船上，过渡时与祖父一同动手，船将近岸边，祖父正向客人招呼："慢点，慢点"时，那只黄狗便口衔绳子，最先一跃而上，且俨然懂得如何方为尽职似的，把船绳紧衔着拖船拢岸。

风日清和的天气，无人过渡，镇日长闲，祖父同翠翠便坐在门前大岩石上晒太阳，或把一段木头从高处向水中抛去，嗾身边黄狗自岩石高处跃下，把木头衔回来。或翠翠与黄狗皆张着耳朵，听祖父说些城中多年以前的战争故事。或祖父同翠翠两人，各把小竹作成的竖笛，逗在嘴边吹着迎亲送女的曲子，过渡人来了，老船夫放下了竹管，独自跟到船边去，横溪渡人，在岩上的一个，见船开动时，于是锐声喊着：

“爷爷，爷爷，你听我吹——你唱！”

爷爷到溪中央便很快乐的唱起来，哑哑的声音同竹管声，振荡在寂静空气里，溪中仿佛也热闹了一些。（实则歌声的来复，反而使一切更寂静一些了。）

有时过渡的是从川东过茶峒的小牛，是羊群，是新娘子的花轿，翠翠必争着作渡船夫，站在船头，懒懒的攀引缆索，让船缓缓的过去，牛羊花轿上岸后，翠翠必跟着走，站到小山头，目送这些东西走去很远了，方回转船上，把船牵靠近家的岸边。且独自低低的学小羊叫着，学母牛叫着，或采一把野花缚在头上，独自装扮新娘子。

茶峒山城只隔渡头一里路，买油买盐时，逢年过节祖父得喝一杯酒时，祖父不上城，黄狗就伴同翠翠入城里去备办东西。到了买杂货的铺子里，有大把的粉条，大缸的白糖，有炮仗，有红蜡烛，莫不给翠翠一种很深的印象，回到祖父身边，总把这些东西说个半天。那里河边还有许多船，比起渡船来全大得多，有趣味得多，翠翠也不容易忘记。

练习

一、填空题

1. 翠翠在风日里长养着，故把皮肤变得(　　　)的，触目为青山绿水，故眸子(　　　)如水晶。自然既长养她且教育她，故天真活泼，处处(　　　)如一只小兽物。人又那么乖，如山头黄麂一样，(　　　)想到残忍事情，(　　　)发愁，(　　　)动气。平时在渡船上遇陌生人对她有所注意时，便把(　　　)的眼睛瞅着那陌生人，作成随时皆可举步逃入深山的(　　　)，但明白了人无机心后，就又(　　　)的在水边玩耍了。

二、论述题

1. 沈从文在第一段用了几个“一”？从第一、二段的描写可以看出，边城是一座怎样的小城？
2. 翠翠的爷爷是一个怎样的老人？请从他与摆渡的客人、与女儿、与翠翠的关系来分析。
3. 翠翠的父母是怎么去世的？你怎么看待他们的爱情？
4. 翠翠是个怎样的女孩？你喜欢她吗？

三、口语表达题

1. 无论是翠翠的母亲还是翠翠，她们的爱情都是悲剧性的，你怎么看待沈从文笔下湘西女性的命运？

第九章

中国现代文学

9.1　曹禺：传统与现代之间的话剧实践

曹禺

中国有着丰富悠久的戏剧传统，京剧、昆曲等中国古典戏曲作为中华民族文化的一个重要组成部分，堪称国粹，与古希腊的悲喜剧和印度的梵剧并称为世界三大古剧。但话剧却是20世纪初中国从西方引进的一种全新的戏剧形式。曹禺是中国现代话剧史上成就最高的剧作家，在他的手上，中国话剧从幼稚走向成熟。

曹禺原名万家宝，曹禺的笔名来自本姓"万"的繁体字"萬"，上下拆为"草禺"，又因"草"不像个姓，所以取谐音字"曹"，两者组合而得"曹禺"。曹禺1910年出生于天津一个没落的封建官僚家庭，他的父亲是个抑郁不得志的政府官员，赋闲在家。曹禺幼年丧母，由继母抚养长大，自小随继母到各个戏院听曲看戏，从小便播下了戏剧的种子。1922年，曹禺入读南开中学，并参加了南开新剧团，参与各种戏剧活动，获得了丰富的舞台表演经验。1929年，曹禺转入清华大学西洋文学系读书，广泛阅读了从古希腊悲剧到莎士比亚、契诃夫、易卜生、奥尼尔的剧作，痴迷地钻研探索戏剧艺术，对他后来的创作产生了重要影响。1933年夏秋之间，曹禺在清华大学图书馆完成了他的第一部话剧《雷雨》。此后十年间，曹禺又先后创作了《日出》《原野》《北京人》《家》四部经典之作，将中国现代话剧推向了成熟的巅峰，曹禺也因此被誉为"东方的莎士比亚"。

《雷雨》是中国话剧史上的一座丰碑，它使23岁的曹禺一鸣惊人，使中国话剧走向成熟。在这部巨作中，曹禺以1925年前后的中国社会为背景，描写了一个带有浓厚封建色彩的资产阶级家庭的悲剧。《雷雨》以周家和鲁家两个家庭为场景，剧情在不到24小时内，集中展示了周鲁两家三十年的恩怨情仇。

三十年前，涉世未深的周朴园爱上了女佣梅妈的女儿侍萍，并与她有了两个儿子。但周家为了给周朴园娶一位门当户对的小姐，逼侍萍抱着刚出生不久的二儿子大海投河自尽。侍萍母子侥幸被人救起后，侍萍带着二儿子流落他乡，靠做佣人为生，而大儿子周萍被周家留下。侍萍后来嫁给鲁贵，生下女儿四凤。周朴园因为所娶的那位小姐没有为周家生儿育女便去世，又娶蘩漪，生下儿子周冲。在周朴园封建家长的专制意志下，蘩漪过着枯寂的生活。周朴园经营矿山等现代产业，常年在外，蘩漪便有机会接近周的大儿子周萍，并与之私通。周萍既慑于父亲的威严，又耻于这种乱伦关系，对蘩漪逐渐疏远，并移情于侍女四凤。与此同时，周冲也向四凤求爱。蘩漪得知周萍变心后，说服周萍未果。周萍为了摆脱蘩漪，打算离家到父亲的矿上去。蘩漪找来四凤之母侍萍，要求她将女儿带走。侍萍来到周家，急于把四凤领走，以免重蹈自己当年的覆辙，不料与周朴园不期而遇。此时大海正在周家矿上做工，在作为罢工代表来与周朴园交涉的过程中，与周萍发生争执，结果遭周萍率众殴打。鲁家一家人回到家中，四凤还在思念周萍。夜晚，周萍跳窗进鲁家与四凤幽会，蘩漪则跟踪而至，将窗户关死。大海把周萍赶出，四凤出走。雷电交加之夜，两家人又聚集在周家客厅。周朴园以沉痛的口吻宣布了真相，并令周萍去认母认弟。此时周萍意识到了四凤是自己的妹妹，大海是自己的亲弟弟。四凤羞愧难当，逃出客厅，触电而死，周冲出来寻找四凤也触电而死，周萍开枪自杀，大海出走，侍萍和蘩漪经受不住打击而疯，周朴园则一个人在悲痛中深深忏悔。

《雷雨》情节扣人心弦、语言精炼含蓄，人物各具特色，写出了一群仿佛在地狱中苦苦煎熬着、挣扎着、毁灭着的灵魂：伪善的资本家大家长周朴园，受新思想影响的单纯少年周冲，被冷漠的家庭逼疯、被爱情伤得体无完肤的女人蘩漪，对过去所作所为充满了罪恶感、企图逃离的周萍，还有意外归来的鲁妈，单纯地爱与被爱的四凤，受压迫的工人鲁大海，贪得无厌的管家鲁贵等，不论是家庭秘密还是身世秘密，所有的矛盾都在雷雨之夜爆发。《雷雨》在叙述家庭矛盾纠葛、怒斥封建家庭腐朽顽固的同时，实际上反映了更为深层的社会及时代问题，也让我们感受到青年曹禺对众生的怜悯，对人性的关怀。到1936年底，《雷雨》演出场次已达五六百场之多，创下话剧剧目演出场次的空前纪录。茅盾曾以“当年海上惊雷雨”诗句来形容30年代末《雷雨》在上海演出时的盛况。《雷雨》具有超越时空的永恒价值，至今在舞台上常演不衰。《雷雨》是一部不但可以演，也可以读的作品，成为当之无愧的“中国话剧百年第一戏”。

不过，曹禺自己感觉《雷雨》“太像戏”，似乎一切都是命运的安排，他自己最为满意的作品是写于抗战时期的《北京人》。如果说《雷雨》是一部“戏剧化的戏剧”，那么，《北京人》则是一部“生活化的戏剧”。曹禺说他之所以创作这部话剧，当时的愿望是觉得“人应当像人一样活着，不能像当时许多人一样活着，必须在黑暗中找出一条路子来”。《北京人》以北平曾氏大家庭的经济衰落为背景，深入封建家庭的躯体深处，探索人与人之间“比邻若天涯”的悲哀与孤独。少爷曾文清和表妹愫方本是一对渴望心灵得到沟通的“知己”，然而，在传统士大夫文化的熏染下，曾文清早已成为一具怯懦的徒有空壳的生命，愫方丰厚无私的爱，对美好感情的追求，只能是无谓的牺牲，令人哀叹惋惜。

曹禺的话剧充分借鉴了西方话剧的创作手法，包括西方话剧经典的“三一律”(要求一出戏所叙述的故事发生在一天之内，地点在一个场景，情节服从于一个主题)结构原则，重视人物心理和潜意识表现的意识流手法等；但他的话剧同时又有着鲜明的中国风格，不论是由传统向现代过渡的大家庭，还是人物的生存方式以及之间的情感关系，都是中国式的，曹禺对没落的士大夫文化的否定，也有着深刻的中国历史与社会的背景。曹禺通过融汇传统与现代的话剧实践，终于使话剧从西方的“舶来品”成为了具有中国作风和中国气派的一种文学形式。

练习

一、填空题

1. 中国(　　　　)与古希腊的悲喜剧和印度的梵剧并称为世界三大古剧。
2. 曹禺完成于1933年的(　　　　)是中国话剧史上的一座丰碑，被称为“中国话剧百年第一戏”。
3. 曹禺的代表作还有《日出》、(　　　　)、(　　　　)和改编自巴金小说的《家》四部经典之作。
4. 曹禺被誉为“东方的(　　　　)”。

二、论述题

1. 根据人物关系图，概述《雷雨》的故事情节。
2. 你最喜欢《雷雨》中的哪个人物，为什么？
3. 曹禺在《雷雨》的创作中如何既借鉴了西方的艺术手法，又保留了中国的特色？

三、口头表达题

1. 曹禺的笔名是怎么来的？
2. 曹禺是怎样走上话剧创作道路的？请说一说中国传统戏剧以及外国话剧对他的影响。

9.2 经典讲读视频

本视频讲读的作品是曹禺的话剧代表作《雷雨》，时长约 28 分钟，其中经典讲读 14 分钟，话剧片段视频 14 分钟。

《雷雨》主要人物有 8 个，周朴园是其中的核心人物。周朴园是一个带有浓厚封建意识的资本家。他年轻时也曾试图反抗和摆脱封建家庭的束缚，和女佣梅侍萍自由恋爱，但始终无法同自己出身的阶级彻底决裂，最后向大家庭妥协，牺牲了侍萍的幸福。尽管他通过保留以前的家具陈设和生活习惯，来表示对侍萍的怀念和悔意，然而，当"死而复生"的侍萍真的出现在他面前时，他又暴露出了情感的虚伪。周朴园和蘩漪"老夫少妻"式的婚姻也是不对等的，周朴园不仅是经济上的统治者，更是家庭伦理与婚姻生活的统治者，这使得他与他身边的人都陷入一种不可调和的矛盾之中。

视频讲读还分析了敢爱敢恨、有着"雷雨"一般性格的蘩漪，爱欲不能、恨欲不能、温和怯懦的周萍，烂漫天真、单纯果敢的周冲等人物及其命运；分析了贯穿全剧始终的"雷雨"的象征意义。《雷雨》不仅是一出性格悲剧，更是一出命运悲剧，但因为里面的每一个人都充满了生的欲望，都在为生而抗争，所以并不是一个悲观的作品。

节选的片段是第二幕中周朴园和鲁侍萍三十年后相认的场景，冲突剧烈，人物性格心理变化微妙，是《雷雨》中的经典场景。

9.3 经典阅读：曹禺《雷雨》片段

周家客厅。三年后，夏天的早晨。周朴园经常想起三十年前和他曾有私情并生有两子的丫头侍萍。恰巧，鲁妈（当年的侍萍，今嫁鲁贵）为找女儿四凤无意中来到周家。周朴园碰见侍萍，惊愕异常。

朴：（向鲁妈）这是太太找出来的雨衣吗？

鲁：（看着他）大概是的。

朴：（拿起看看）不对，不对，这都是新的。我要我的旧雨衣，你回头跟太太说。

鲁：嗯。

朴：（看她不走）你不知道这间房子底下人不准随便进来么？

鲁：（看着他）不知道，老爷。

朴：你是新来的下人？

鲁：不是的，我找我的女儿来的。

朴：你的女儿？

鲁：四凤是我的女儿。

朴：那你走错屋子了。

鲁：哦。——老爷没有事了？

朴：（指窗）窗户谁叫打开的？

鲁：哦。（很自然地走到窗前，关上窗户，慢慢地走向中门）

朴：（看她关好窗门，忽然觉得她很奇怪）你站一站，（鲁妈停）你——你贵姓？

鲁：我姓鲁。

朴：姓鲁。你的口音不像北方人。

鲁：对了，我不是，我是江苏的。

朴：你好像有点无锡口音。

鲁：我自小就在无锡长大的。

朴：（沉思）无锡？嗯，无锡（忽而）你在无锡是什么时候？

鲁：光绪二十年，离现在有三十多年了。

朴：哦，三十年前你在无锡？

鲁：是的，三十多年前呢，那时候我记得我们还没有用洋火呢。

朴：（沉思）三十多年前，是的，很远啦，我想想，我大概是二十多岁的时候。那时候我还在无锡呢。

鲁：老爷是那个地方的人？

朴：嗯，（沉吟）无锡是个好地方。

鲁：哦，好地方。

朴：你三十年前在无锡么？

鲁：是，老爷。

朴：三十年前，在无锡有一件很出名的事情——

鲁：哦。

朴：你知道么？

鲁：也许记得，不知道老爷说的是哪一件？

朴：哦，很远的，提起来大家都忘了。

鲁：说不定，也许记得的。

朴：我问过许多那个时候到过无锡的人，我想打听打听。可是那个时候在无锡的人，到现在不是老了就是死了，活着的多半是不知道的，或者忘了。

鲁：如若老爷想打听的话，无论什么事，无锡那边我还有认识的人，虽然许久不通音信，托他们打听点事情总还可以的。

朴：我派人到无锡打听过。——不过也许凑巧你会知道。三十年前在无锡有一家姓梅的。

鲁：姓梅的？

朴：梅家的一个年轻小姐，很贤慧，也很规矩，有一天夜里，忽然地投水死了，后来，后来，——你知道么？

鲁：不敢说。

朴：哦。

鲁：我倒认识一个年轻的姑娘姓梅的。

朴：哦？你说说看。

鲁：可是她不是小姐，她也不贤慧，并且听说是不大规矩的。

朴：也许，也许你弄错了，不过你不妨说说看。

鲁：这个梅姑娘倒是有一天晚上跳的河，可是不是一个，她手里抱着一个刚生下三天的男孩。听人说她生前是不规矩的。

朴：（苦痛）哦！

鲁：她是个下等人，不很守本分的。听说她跟那时周公馆的少爷有点不清白，生了两个儿子。生了第二个，才过三天，忽然周少爷不要她了，大孩子就放在周公馆，刚生的孩子她抱在怀里，在年三十夜里投河死的。

朴：（汗涔涔地）哦。

鲁：她不是小姐，她是无锡周公馆梅妈的女儿，她叫侍萍。

朴：（抬起头来）你姓什么？

鲁：我姓鲁，老爷。

朴：（喘出一口气，沉思地）侍萍，侍萍，对了。这个女孩子的尸首，说是有一个穷人见着埋了。你可以打听得她的坟在哪儿么？

鲁：老爷问这些闲事干什么？

朴：这个人跟我们有点亲戚。

鲁：亲戚？

朴：嗯，——我们想把她的坟墓修一修。

鲁：哦——那用不着了。

朴：怎么？

鲁：这个人现在还活着。

朴：（惊愕）什么？

鲁：她没有死。

朴：她还在？不会吧？我看见她河边上的衣服，里面有她的绝命书。

鲁：不过她被一个慈善的人救活了。

朴：哦，救活啦？

鲁：以后无锡的人是没见着她，以为她那夜晚死了。

朴：那么，她呢？

鲁：一个人在外乡活着。

朴：那个小孩呢？

鲁：也活着。

朴：（忽然立起）你是谁？

鲁：我是这儿四凤的妈，老爷。

朴：哦。

鲁：她现在老了，嫁给一个下等人，又生了个女孩，境况很不好。

朴：你知道她现在在哪儿？

鲁：我前几天还见着她！

朴：什么？她就在这儿？此地？

鲁：嗯，就在此地。

朴：哦！

鲁：老爷，您想见一见她么？

朴：不，不。谢谢你。

鲁：她的命很苦。离开了周家，周家少爷就娶了一位有钱有门第的小姐。她一个单身人，无亲无故，带着一个孩子在外乡什么事都做。讨饭，缝衣服，当老妈，在学校里伺候人。

朴：她为什么不再找到周家？

鲁：大概她是不愿意吧？为着她自己的孩子她嫁过两次。

朴：嗯，以后她又嫁过两次。

鲁：嗯，都是很下等的人。她遇人都很不如意，老爷想帮一帮她么？

朴：好，你先下去。让我想一想。

鲁：老爷，没有事了？（望着朴园，眼泪要涌出）老爷，您那雨衣，我怎么说？

朴：你去告诉四凤，叫她把我樟木箱子里那件旧雨衣拿出来，顺便把那箱子里的几件旧衬衣也检出来。

鲁：旧衬衣？

朴：你告诉她在我那顶老的箱子里，纺绸的衬衣，没有领子的。

鲁：老爷那种绸衬衣不是一共有五件？您要哪一件？

朴：要哪一件？

鲁：不是有一件，在右袖襟上有个烧破的窟窿，后来用丝线绣成一朵梅花补上的？还有一件，——

朴：（惊愕）梅花？

鲁：还有一件绸衬衣，左袖襟也绣着一朵梅花，旁边还绣着一个萍字。还有一件，——

朴：（徐徐立起）哦，你，你，你是——

鲁：我是从前伺候过老爷的下人。

朴：哦，侍萍！（低声）怎么，是你？

鲁：你自然想不到，侍萍的相貌有一天也会老得连你都不认识了。

朴：你——侍萍？（不觉地望望柜上的相片，又望鲁妈）

鲁：朴园，你找侍萍么？侍萍在这儿。

朴：（忽然严厉地）你来干什么？

鲁：不是我要来的。

朴：谁指使你来的？

鲁：（悲愤）命！不公平的命指使我来的。

朴：（冷冷地）三十年的工夫你还是找到这儿来了。

鲁：（愤怨）我没有找你，我没有找你，我以为你早死了。我今天没想到到这儿来，这是天要我在这儿又碰见你。

朴：你可以冷静点。现在你我都是有子女的人，如果你觉得心里有委屈，这么大年纪，我们先可以不必哭哭啼啼的。

鲁：哭？哼，我的眼泪早哭干了，我没有委屈，我有的是恨，是悔，是三十年一天一天我自己受的苦。你大概已经忘了你做的事了！三十年前，过年三十的晚上我生下你的第二个儿子才三天，你为了要赶紧娶那位有钱有门第的小姐，你们逼着我冒着大雪出去，要我离开你们周家的门。

朴：从前的旧恩怨，过了几十年，又何必再提呢？

鲁：那是因为周大少爷一帆风顺，现在也是社会上的好人物。可是自从我被你们家赶出来以后，我没有死成，我把我的母亲可给气死了，我亲生的两个孩子你们家里逼着我留在你们家里。

朴：你的第二个孩子你不是已经抱走了么？

鲁：那是你们老太太看着孩子快死了，才叫我带走的。（自语）哦，天哪，我觉得我像在做梦。

朴：我看过去的事不必再提起来吧。

鲁：我要提，我要提，我闷了三十年了！你结了婚，就搬了家，我以为这一辈子也见不着你了；谁知道我自己的孩子偏偏命定要跑到周家来，又做我从前在你们家里做过的事。

朴：怪不得四凤这样像你。

鲁：我伺候你，我的孩子再伺候你生的少爷们。这是我的报应，我的报应。

朴：你静一静。把脑子放清醒点。你不要以为我的心是死了，你以为一个人做了一件于心不忍的事就会忘了么？你看这些家具都是你从前顶喜欢的东西，多少年我总是留着，为着纪念你。

鲁：（低头）哦。

朴：你的生日——四月十八——每年我总记得。一切都照着你是正式嫁过周家的人看，甚至于你因为生萍儿，受了病，总要关窗户，这些习惯我都保留着，为的是不忘你，弥补我的罪过。

鲁：（叹一口气）现在我们都是上了年纪的人，这些傻话请你也不必说了。

朴：那更好了。那么我们可以明明白白地谈一谈。

鲁：不过我觉得没有什么可谈的。

朴：话很多。我看你的性情好像没有大改，——鲁贵像是个很不老实的人。

鲁：你不要怕。他永远不会知道的。

朴：那双方面都好。再有，我要问你的，你自己带走的儿子在哪儿？

鲁：他在你的矿上做工。

朴：我问，他现在在哪儿？

鲁：就在门房等着见你呢。

朴：什么？鲁大海？他！我的儿子？

鲁：他的脚趾头因为你的不小心，现在还是少一个的。

朴：（冷笑）这么说，我自己的骨肉在矿上鼓动罢工，反对我！

鲁：他跟你现在完完全全是两样的人。

朴：（沉静）他还是我的儿子。

鲁：你不要以为他还会认你做父亲。

朴：（忽然）好！痛痛快快地！你现在要多少钱吧？

鲁：什么？

朴：留着你养老。

鲁：（苦笑）哼，你还以为我是故意来敲诈你，才来的么？

朴：也好，我们暂且不提这一层。那么，我先说我的意思。你听着，鲁贵我现在要辞退的，四凤也要回家。不过——

鲁：你不要怕，你以为我会用这种关系来敲诈你么？你放心，我不会的。大后天我就带着四凤回到我原来的地方。这是一场梦，这地方我绝对不会再住下去。

朴：好得很，那么一切路费，用费，都归我担负。

鲁：什么？

朴：这于我的心也安一点。

鲁：你？（笑）三十年我一个人都过了，现在我反而要你的钱？

朴：好，好，好，那么，你现在要什么？

鲁：（停一停）我，我要点东西。

朴：什么？说吧？

鲁：（泪满眼）我——我——我只要见见我的萍儿。

朴：你想见他？

鲁：嗯，他在哪儿？

朴：他现在在楼上陪着他的母亲看病。我叫他，他就可以下来见你。不过是——

鲁：不过是什么？

朴：他很大了。

鲁：（追忆）他大概是二十八了吧？我记得他比大海只大一岁。

朴：并且他以为他母亲早就死了的。

鲁：哦，你以为我会哭哭啼啼地叫他认母亲么？我不会那样傻的。我难道不知道这样的母亲只给自己的儿子丢人么？我明白他的地位，他的教育，不容他承认这样的母亲。这些年我也学乖了，我只想看看他，他究竟是我生的孩子。你不要怕，我就是告诉他，白白地增加他的烦恼，他自己也不愿意认我的。

朴：那么，我们就这样解决了。我叫他下来，你看一看他，以后鲁家的人永远不许再到周家来。

鲁：好，我希望这一生不至于再见你。

朴：（由衣内取出皮夹的支票签好）很好，这是一张五千块钱的支票，你可以先拿去用。算是弥补我一点罪过。

鲁：（接过支票）谢谢你。（慢慢撕碎支票）

朴：侍萍。

鲁：我这些年的苦不是你拿钱算得清的。

朴：可是你——

[外面争吵声。鲁大海的声音："放开我，我要进去。"三四个男仆声："不成，不成，老爷睡觉呢。"门外有男仆等与大海挣扎声。]

朴：（走至中门）来人！（仆人由中门进）谁在吵？

仆人：就是那个工头鲁大海！他不讲理，非见老爷不可。

朴：哦。（沉吟）那你就叫他进来吧。等一等，叫人到楼上请大少爷下来，我有话问他。

仆人：是，老爷。

[仆人由中门下。]

朴：（向鲁妈）侍萍，你不要太固执。这一点钱你不收下，将来你会后悔的。

鲁：（望着他，一句话也不说。）

练习

一、填空题

1. 三十多年前呢，那时候我记得我们还没有用(　　　)呢。
2. 可是那个时候在无锡的人，到现在(　　　)老了(　　　)死了，活着的(　　　)是不知道的，(　　　)忘了。
3. 可是她不是小姐，她也不(　　　)，并且听说是不大(　　　)的。
4. 我明白他的地位，他的教育，(　　　)他承认这样的母亲。这些年我也学乖了，我只想看看他，他(　　　)是我生的孩子。
5. 你不要太(　　　)。这一点钱你不收下，将来你会(　　　)的。

二、论述题

1. 鲁侍萍三十年后到周家来干什么？她为什么不让女儿继续在周家当女佣？
2. 周朴园为什么向鲁侍萍打听三十年前梅小姐的旧事？周朴园和鲁侍萍对这位小姐的评价怎么不一样？
3. 周朴园是怎么认出眼前的鲁妈就是三十年前他的情人梅侍萍的？认出之后，他的态度发生了怎样的变化？
4. 鲁侍萍被周朴园认出来后，表达了什么愿望？
5. 周朴园最后想用什么方式弥补自己的罪过？鲁侍萍接受了吗？

三、口语表达题

1. 你觉得周朴园真的爱鲁侍萍吗？请从文中找出证据来支持你的观点。
2. 揣摩人物的性格和心理变化，与同学搭档，分角色表演以下两个片段：
   (1) 从“鲁：这个人现在还活着。”到“朴：不，不。谢谢你。”
   (2) 从“鲁：老爷那种绸衬衣不是一共有五件？您要哪一件？”到“鲁：(悲愤)命！不公平的命指使我来的。”

中国现代文学

第十章

10.1 抗战时期的中国文学

1937 年 7 月 7 日，日本军队向北平西南的卢沟桥发动进攻，爆发了“卢沟桥事变”，又称“七七事变”，中国进入了全民族抗日战争。

抗日战争的全面爆发，使中国的整个社会生活发生了巨大的变化，随着北平、上海、南京等大城市的失守，作家们失去了最基本的创作条件，甚至连一张可以安安静静写作的书桌也没有地方可以安放，文艺活动一时停滞了，文学刊物相继停刊，文学作品的出版也非常困难，作家们纷纷离开大都市，向重庆、昆明等内地城市撤退。

因为战争的影响，当时的中国分成了几个不同的政治区域：国统区，就是国民党统治的地区，南京大屠杀之后，中华民国的首都迁到重庆，以重庆为中心的云南、四川等大西南地区普遍为国统区。解放区，就是共产党领导的抗日敌后根据地，主要集中在陕甘宁边区，也就是陕西、甘肃、宁夏一带，以延安为中心。沦陷区，就是日本侵略军占领的地区，包括东北、华北、华东、武汉、广州、海南岛等广大区域，其中上海 1937 年 11 月被日军占领后，英国、法国、美国等国在上海的租界处于日军的包围之中，当时不少抗日组织和人士，都前往租界避难，进行艰难的抗日斗争，这一阶段称作“孤岛”时期。1941 年 12 月 7 日珍珠港事件爆发，日军进入租界，上海全面沦陷。

由于战争中断了当时的交通和通信，国统区、解放区和沦陷区之间处于比较隔绝的状态。抗日战争时期的文学，最显著的特征就是与战争和救亡发生了紧密的联系。三个区域的社会制度不同，各自形成了特殊的政治文化氛围，对作家的思维方式、写作心理和创作题材等都产生了不同的影响，三个区域的文学因此也形成了不同的面貌，我们分别称为国统区文学、解放区文学和沦陷区文学。

练习

一、填空题

1. 1937 年 7 月 7 日，日军侵略中国，发动了“(　　　　)事变”，中国进入了全民族抗日战争。
2. 抗战时期，根据政治和社会环境，中国现代文学分为(　　　　)文学、(　　　　)和沦陷区文学。

二、口语表达题

1. 抗日战争的全面爆发，给中国的社会生活和文学创作带来了怎样的巨大变化？
2. 抗日战争时期中国的现代文学最显著的特征是什么？

10.2　抗战时期的中国文学：国统区文学

国统区在全国占的面积最大，作家最多，文学创作和文学思潮最为活跃，最能代表抗日战争时期文学的主潮。“五四”以来的新文学作家，关注个性解放和社会解放，此时，在民族生死存亡的危急时刻，在“救亡图存”的共同目标下，不同流派、不同立场、不同观点的作家们走到了一起。1938 年 3 月 27 日，“中华全国文艺界抗敌协会”在武汉成立，简称“文协”，作家们结成了广泛的统一战线，实现了前所未有的大团结，这是中国现代文学史上第一次，也是唯一一次包括国民党和共产党作家在内的大联合。

“文协”由老舍主持日常工作，出版会刊《抗战文艺》，提出了“文章下乡，文章入伍”的口号。作家们响应号召，走出书斋，走向乡村，走上抗日前线，进行抗日的文艺宣传，或者从事实际的救亡活动。

国统区最流行的文学形式是话剧。抗战初期，大城市的戏剧运动失去了原来的剧场和舞台，于是，进步的戏剧工作者组织流动演剧队，深入农村、前线和内地开展演剧活动。《三江好》《最后一计》《放下你的鞭子》，是抗战初期演出最广、影响最大的街头剧，反映了民众强烈的抗日情绪，激起过许多人的共鸣与义愤，被合称为“好一计鞭子”。特别是《放下你的鞭子》，讲述了“九一八”以后，从中国东北沦陷区逃出来的一对父女在抗战期间流离失所、以卖唱为生的故事。一日，女儿香姐正要提嗓，却因饥饿难熬，晕倒在地，老父即举起鞭子打她，观众中一名青年工人十分愤怒，大声高呼“放下你的鞭子！”，夺下了老父的皮鞭，并加以指责。老父和香姐诉说了日本侵华、家乡沦陷的辛酸，全场感动，高呼“打倒日本帝国主义”，激起观众的抗日救国情绪。剧本运用街头卖艺形式演出，演员与观众打成一片，揭露“九一八事变”后，东北人民在日本帝国主义残暴统治下的悲惨遭遇，使观众认识到必须团结抗日才有生路。《放下你的鞭子》在抗日战争初期曾广泛演出，演遍中国，甚至当时在非洲莫桑比克的华人也排演了这幕话剧，为抗战募捐，鼓舞了海内外中国人民的抗日斗志。

随着战争进入相持阶段，抗战初期作家们昂扬激奋的心情，慢慢沉静下来，开始正视战争的残酷和胜利的艰巨，看到战争中暴露出来的中国社会的各种文化积习和腐败现象，对战争的前途和民族的命运充满了担忧，创作风格转为苦闷和沉郁。郭沫若创作了一批历史剧，借古代的人和事，来发掘民族美德，总结历史教训，作为现实的借鉴。代表作《屈原》取材于两千多年前楚国大夫屈原的身世和经历，表现了代表爱国路线的屈原与代表卖国路线的南后等人之间的戏剧冲突，歌颂了屈原矢志不移的爱国情怀、不屈不挠的斗争精神，抨击了上官大夫、南后等人的卖国阴谋，以及迫害爱国志士的罪行。《屈原》因为切中了时代的要害，成为呼唤爱国主义、抵抗日本侵略的风云之作，1942 年在重庆上演，场场满座，屈原在《雷电颂》中发出“爆炸了吧，爆炸了吧……”的怒吼声，一度响彻重庆的上空。夏衍的《法西斯细菌》《芳草天涯》等话剧，主要描写知识分子在抗日战争中的苦难历程和精神探索，真实地反映了日本军国主义的野蛮侵略给中国各阶层人民带来的深重灾难。抗战胜利前后的话剧，以暴露和讽刺国民党的喜剧为主，陈白尘的《升官图》、吴祖光的《捉鬼传》等，讽刺官僚制度的腐朽，讽刺社会中的各种丑恶现象，给话剧带来了新的气象。

国统区的诗歌创作也经历了和话剧大致相同的过程，抗战初期的街头诗短小有力，鼓舞了人们抗战的热情。抗日战争爆发后，诗人艾青怀着高昂的爱国热情、同仇敌忾的民族义愤，投身于反侵略的伟大斗争，他拿起诗笔，写下了许多脍炙人口的优秀诗篇。创作于 1938 年的《我爱这土地》就是其中最著名的一首。诗歌以“假如”开头，将自己形容为一只鸟，用“嘶哑”形容鸟儿的歌喉，唱出对“土地”真挚、炽热的爱。“假如我是一只鸟，/我也应该用嘶哑的喉咙歌唱：/这被暴风雨所打击着的土地，/这永远汹涌着我们的悲愤的河流，/这无止息地吹刮着的激怒的风，/和那来自林间的无比温柔的黎明……/——然后我死了，/连羽毛也腐烂在土地里面。/为什么我的眼里常含泪水？/因为我对这土地爱得深沉……”“土地”是艾青诗歌中的一个主要意象，“土地”象征着生他养他而又多灾多难的祖国，因此“土地”意象凝聚了艾青对祖国和人民最深沉的爱，对民族危难和人民疾苦的深广忧愤。在这首诗中，诗人采用了“直接”的抒情方式，来表达自己对土地的感情。它像“誓词”一样严肃，又像“血”一样庄严。艾青诗歌的另一个主要意象是“太阳”以及类似的“火把”，比如，他的长诗《向太阳》象征着光明和理想，表达了诗人对时代、民族和人民的热望；叙事长诗《火把》，通过一位感情脆弱的女学生摆脱精神藩篱举起火把投身抗战事业的故事，显示出时代洪流对于青年的冲击与锤炼。

抗战进入相持阶段后，国统区的诗歌风格变得更加沉郁。戴望舒的《我用残损的手掌》借抚摸地图的联想，抒发了国土沦陷的哀痛。西南联大的青年诗人穆旦，用矛盾交错的意象赞美“一个民族已经起来”。抗战胜利前后，国统区的诗歌以讽刺诗为主，袁水拍的《马凡陀山歌》采用山歌、民谣的形式，通过日常生活中小市民的牢骚，反映了国统区的政治腐败、经济崩溃和社会混乱。比如，“这个世界倒了颠，万元大钞不值钱。呼吁和平要流血，保障人权坐牢监”。具有鲜明的政治讽刺色彩，非常形象生动。国统区的小说以长篇为主，展现了广阔丰厚的社会生活内容，如老作家茅盾的《霜叶红于二月花》，“七月派”青年作家路翎的《财主底儿女们》等，具有史诗性的特征。

练习

一、填空题

1. 1938年，作家们在(　　　　　　)成立了中华全国文艺界抗敌协会，简称(　　　　　)，结成了广泛的统一战线，实现了前所未有的大团结。
2. “文协”由(　　　　)主持日常工作，出版会刊《抗战文艺》，提出了“文章(　　　　)，文章(　　　　)”的口号。
3. 抗战初期，国统区演出最广、影响最大的三部街头剧《三江好》《最后一计》《放下你的鞭子》被合称为(　　　　　　　　　)。
4. 艾青诗歌的主要意象有(　　　　)、(　　　　)和火把等。

二、论述题

1. 街头剧《放下你的鞭子》讲述了一个怎样的故事？演出效果怎么样？
2. 抗战期间，国统区的文学风格发生了怎样的变化？

三、口语表达题

1. 请结合历史剧《屈原》的背景，朗诵“雷电颂”片段：

　　雷！你那轰隆隆的，是你车轮子滚动的声音？你把我载着拖到洞庭湖的边上去，拖到长江的边上去，拖到东海的边上去呀！我要看那滚滚的波涛，我要听那鞺鞺鞳鞳的咆哮，我要漂流到那没有阴谋、没有污秽、没有自私自利的没有人的小岛上去呀！我要和着你，和着你的声音，和着那茫茫的大海，一同跳进那没有边际的没有限制的自由里去！

2. 请结合具体的作品，说说《马凡陀山歌》的特点。

10.3 抗战时期的中国文学：解放区文学

如果说国统区文学的创作基调是沉郁凝重的，那么，解放区文学的基调是朴素明朗的，呈现出了与国统区文学非常不同的面貌。

中国共产党领导下的陕甘宁边区抗日根据地，推翻了地主阶级的统治，废除了地主占有大量土地的封建土地制度，建立了人民政权，农民在政治和经济上获得了翻身解放，农村在政治、经济、文化各个方面发生了前所未有的巨大变革。

解放区文学主要表现的就是农村社会生活在各个方面发生的翻天覆地的变革，以及仍然存在的一些封建现象，农民、士兵、干部，成为文学作品重点表现的对象，翻身解放了的"新人"成为文学作品的主角。与"五四"以来主要表现知识分子个人情感的新文学相比，解放区文学是一种崭新的文学现象。解放区文学赞美新的社会制度，赞美人民群众的斗争生活，洋溢着一股热情、明朗、朴素的基调。

但解放区文学的创作者主要不是农民，而是新文学作家。主要是两部分人。一部分是"卢沟桥事变"后来到解放区的作家，他们带着政治理想和热情，从上海、北平等大城市奔赴延安等抗日根据地，比如，丁玲、萧军，他们满怀热情，加入解放区当地的群众文艺活动，使根据地的文艺运动蓬勃发展起来。另一部分是群众文艺运动中涌现出的农民作家和农民诗人，他们用纯粹的民间文艺形式来写作和演唱，深受广大农民的欢迎。许多专业作家也从农民作家的创作中受到启发，学习尝试运用民间文艺形式。1942 年 5 月，毛泽东发表《在延安文艺座谈会上的讲话》，要求解放区的作家们到田间地头，向农民取经学习，创作出具有中国作风和中国气派、为老百姓所喜闻乐见的文学作品。作家们开始自觉地探索文学的民族化和大众化，思考怎样用老百姓听得懂的语言、喜闻乐见的形式，来真实地表现农民的思想、心理、命运，通过作品与农民沟通，满足解放区广大农村读者的需要。其中最有代表性、成就最高的作家是赵树理，他既吸收了章回小说、评书鼓词等民间传统文艺的因素，又站在“五四”新文学的立场，采用了一些现代小说的手法，用农民化的文学语言描写北方农村的生活，充满了浓郁的乡土气息，他的代表作《小二黑结婚》《李有才板话》等，成为解放区最受欢迎的畅销书。

新歌剧是解放区文学运用民间艺术形式最为成功的一种文艺形式，其中，《白毛女》是影响最为深远、演出场次最多的经典。白毛女起源于晋察冀边区白毛仙姑的民间传说故事中的主人公“喜儿”，因为饱受旧社会的迫害而成为少白头，顾名思义被称作“白毛女”。1945年延安鲁迅艺术学院根据这个故事，集体创作了歌剧《白毛女》，通过喜儿的遭遇，讲述了“旧社会把人变成鬼，新社会把鬼变成人”的主题。《白毛女》采用了中国北方秧歌和地方戏曲的曲调，又借鉴了西洋歌剧的结构和以唱为主的方法，中西合璧，形成了一种完全新型的歌剧品种，使歌剧这种比较高雅的艺术形式“中国化”，成为一般农民也能欣赏的艺术。《白毛女》在20世纪40年代抗日战争末期的解放区具有深远的历史影响，后来被改编成多种艺术形式，经久不衰。中华人民共和国建立后，《白毛女》这一特殊时期创作的文艺作品成为中国非物质文化遗产瑰宝。剧中的经典片段“北风吹”，描写大年三十，风雪满天，喜儿盼望着出门躲债的爹爹回家过年，爹爹买了二尺红头绳，给喜儿扎起来，虽然穷苦，父女相依，欢欢喜喜过大年。

喜　儿：北风那个吹，雪花那个飘
　　　　雪花那个飘飘，年来到
　　　　爹出门去躲帐，整七那个天
　　　　三十那个晚上还没回还
　　　　风卷那个雪花，在门那个外风打着门来门吱开
　　　　我盼爹爹快回家，欢欢喜喜过个年
　　　　欢欢喜喜过个年
杨白劳：卖豆腐赚下了几个钱

集上称回来二斤面，怕叫东家看见了
揣在怀里四五天

喜　儿：卖豆腐赚下了几个钱
爹爹称回来二斤面，带回家来包饺子
欢欢喜喜过个年，哎过呀过个年

杨白劳：人家的闺女有花戴，你爹我钱少不能买
扯上了二尺红头绳，我给我喜儿扎起来
哎嗨哎嗨扎起来

喜　儿：人家的闺女有花戴
我爹钱少不能买
扯上了二尺红头绳
给我扎起来，哎嗨哎嗨哎扎呀扎起来

合：门神门神骑红马，贴在了门上守住家
门神门神扛大刀，大鬼小鬼进不来
哎嗨哎嗨哎进呀进不来

这个片段通过喜儿和杨白劳父女二人对唱的西洋歌剧形式，描写了旧农村受压迫的农民过年的艰难，“包饺子”“戴红花”“贴门神”等也是中国传统的过年习俗，这里的“鬼”则象征了讨债的地主老爷。这个经典唱段具有丰富的艺术感染力，成为音乐会上的保留曲目，受到不同年代观众的欢迎。

练习

一、填空题

1. 解放区文学呈现出了与国统区文学非常不同的面貌，基调是(　　　　)的。
2. 解放区文学以革命根据地(　　　　)为中心。
3. 1942 年 5 月，毛泽东发表了著名的(　　　　　　　　　　　)。
4. 解放区文学的主要创作者是新文学作家和(　　　　　)。
5. (　　　　)是解放区文学运用民间艺术最为成功的一种文艺形式。

二、论述题

1. 解放区文学主要的表现内容是什么？主要的表现对象是哪些人？
2. 观看《白毛女》选段，谈一谈《白毛女》如何体现了中西合璧的艺术特点。

三、口语表达题

1. 用自己的话讲述“白毛女”的故事。
2. 学唱《白毛女》经典选段“北风吹”，体会新歌剧的特点。

10.4 抗战时期的中国文学："孤岛"与沦陷区文学

1937 年 11 月上海沦陷后，当时留在上海的部分作家，躲进类似"孤岛"的租界，继续坚持创作，他们利用戏剧等文学形式来配合抗日救亡活动。这个阶段的文学，称为"孤岛文学"。孤岛文学中，戏剧运动最为活跃，剧作家们成立了上海戏剧界救亡协会，团结组织大大小小的剧社，进行联合演出，主要上演配合抗战的剧目，还有一些翻译的剧本和历史剧，既要唤醒民众的抗日意识，又不能被日军文艺检查部门发现，在夹缝中艰难生存。

1941 年 12 月，太平洋战争爆发，香港沦陷，上海也被日军完全占领，结束了"孤岛"文学时期。上海文学与 1931 年"九一八事变"后的东北沦陷区文学、1937 年"七七事变"后以北平为中心的华北沦陷区文学，统称为沦陷区文学。由于政治的限制，沦陷区的作家不能自由地表达爱国的热情和抗敌的意志，他们选择从个体的战争体验出发，重新发现平凡人平凡的日常生活，肯定平凡的个人在战争中坚守的历史价值。

就像张爱玲在 1944 年的散文《烬余录》里写到的，战时香港的所见所闻，对于她有"切身的、剧烈的影响"，炸弹就在香港大学女生宿舍的隔壁炸响，女生们聚集在宿舍的最下层，黑漆漆的箱子间里，只听见机关枪"忒啦啦啪啪"像荷叶上的雨，异乡的学生无家可归，报名参加守城，张爱玲就是其中之一。"围城的十八天里，谁都有那种清晨四点钟的难挨的感觉——寒噤的黎明，什么都是模糊的，瑟缩，靠不住。回不了家，等回去了，也许家已经不存在了。房子可以毁掉，钱转眼可以成废纸，人可以死，自己更是朝不保暮。"出生入死，人们忙着结婚，忙着解决食物问题，似乎只有日常的生活才是唯一能暂时抓得住的经验。在战争期间这样的特殊环境和精神状态下，张爱玲说，她没有写宏大历史的志愿，但要在战争背景下饮食男女的平凡生活中写出人生的志趣，写出人生的苍凉感。远离英雄斗争的时代主题，表现日常生活中“不彻底的人物”和“永久的人性”，这样的转向，使沦陷区文学呈现出“反英雄、反浪漫”的倾向。

沦陷区文学的另一个重要特点是雅俗共赏。雅，指的是表达作家内在精神追求的精英文学；俗，指的是满足市民趣味的通俗文学。由于沦陷区特殊的政治背景，进步的青年读者大量流失，商业文化氛围浓厚，留守在沦陷区的广大市民，成为文学的主要读者群。如何既表达出对战争的思考，又满足市民读者的需要，是沦陷区作家艰难探索的一个问题。在“俗文学”方面，通俗文学不断追求现代性，向雅文学靠拢，通俗小说得到空前的繁荣，涌现出了一批武侠小说和新言情小说作家。王度庐的言情武侠小说《卧虎藏龙》讲述了清朝年间九门提督之女玉娇龙与沙漠大盗罗小虎的爱情悲剧。玉娇龙为了维护家庭的声誉，不得不嫁给鲁翰林，但又始终与罗小虎割不断情丝。不久，玉娇龙假装跳崖殉母，逃出了无爱的家庭。玉娇龙与罗小虎相遇后，悲喜交加，但不愿作盗妇，于是悄然离去，独走大漠。江湖文化意识与贵族文化意识的冲突，爱与恨的情感纠葛与矛盾，使小说中的悲剧蕴涵着对人生的思考和反讽。2000 年，著名华人导演李安根据这部小说改编的同名电影《卧虎藏龙》包揽了“奥斯卡最佳外语片”等多个大奖。

与武侠小说相比，言情小说创下畅销书纪录的是秦瘦鸥的《秋海棠》。《秋海棠》创作于 20 世纪 40 年代的上海“孤岛”，讲述了被军阀毁容的京剧花旦秋海棠走投无路而自杀的悲惨人生。秋海棠与被迫嫁给军阀的女学生罗湘绮相爱，被军阀用刀子划伤脸，破了相，他忍辱放弃了爱情和艺术，带女儿梅宝到乡下隐居，受尽折磨和歧视十八年，将女儿抚养成人。等到罗湘绮千方百计终于找到父女二人，秋海棠带病“跑龙套”，已经倒毙在他心爱的舞台上。秦瘦鸥是“鸳鸯蝴蝶派”作家，《秋海棠》的情节也类似描写三角恋的旧言情小说，但小说重点挖掘故事背后的人生意义，充满了同情平民的意识，闪耀着人道主义的精神，具有不同于旧小说的鲜明的现代性。

同时，在“雅文学”方面，沦陷区文学也有了重要的收获，或者表现战争时期没落世家饮食男女的日常生活和人性世界，既传统又现代；或者表现战争时期知识分子事业与爱情的处处碰壁，每况愈下，出现了钱钟书的《围城》、师陀的《结婚》、张爱玲的《金锁记》等一批经典作品，标志着沦陷区文学“雅俗共赏”的最高艺术水平。我们将在后面重点介绍和分析张爱玲、钱钟书的小说。

与小说的发展相辉映，以上海为中心的职业化、商业化剧场戏剧空前繁荣，其影响超过了传统戏曲和新兴电影，成为中国现代戏剧史上一次引人注目的历史机遇。沦陷区戏剧创作有突出的市民化倾向，题材大多集中在市民阶层感兴趣的热点问题，如反映宫廷政治斗争的历史剧，描写民间艺人悲欢离合的悲情剧，表现都市家庭生活的轻喜剧，还有纯粹娱乐性的侦探剧，等等。

这个时期的沦陷区涌现出了李健吾、杨绛等一大批优秀的剧作家。杨绛的话剧《称心如意》和《弄假成真》被称为“喜剧双璧”。《称心如意》的故事发生在 30 年代的上海，讲述了李君玉因为失去父母前来投靠亲戚，却遭到各位舅舅舅妈的排挤，被踢来踢去无人愿意收留，最终却歪打正着，得到舅公的爱怜，认作孙女，可谓称心如意。剧本通过孤女出入各家的过程，写尽了所谓上流社会的虚伪自私，看到了大上海的小社会全貌。《弄假成真》通过一个留洋青年的婚姻，塑造了周母这一非常有特色的典型小市民形象，她生活在既传统又现代的上海商品社会，既讲面子、重门第，又向往金钱，在物质享受面前天真喜悦、锱铢必较、拼死相争，有着旺盛的生命力和顽强的奋斗勇气。杨绛通过这样的人物，既揶揄批判了小市民的弱点，又肯定了下层小人物努力改变环境和命运的生活态度。这两个话剧都是从恋爱结婚的角度写世态人情，采取的是知识分子的独立立场，又尊重市民社会的价值取向，雅俗共赏，受到市民观众和知识分子的欢迎。

练习

一、填空题

1. 抗战期间的上海文学分为(　　　　　)文学和(　　　　　)文学两个阶段。
2. (　　　　　)共赏是沦陷区文学的重要特征。雅,指的是表达作家内在精神追求的(　　　　　)文学;俗,指的是满足市民趣味的(　　　　　)文学。
3. 王度庐的(　　　　　)是沦陷区武侠小说的代表作,2000 年著名华人导演(　　　　　)改编的同名电影包揽了"奥斯卡最佳外语片"等多个大奖。
4. 秦瘦鸥的(　　　　　)是上海沦陷区言情小说的代表作。
5. 钱钟书的(　　　　　)和张爱玲的(　　　　　)是上海沦陷区"雅文学"的代表作。

二、论述题

1. 跟国统区文学和解放区文学相比,沦陷区文学表现出什么不一样的特点?
2. 张爱玲在散文《烬余录》里是怎样写香港沦陷时的个人体验的?这段经历怎样影响了她的创作观?
3. 杨绛的话剧《称心如意》讲述了一个怎样的故事?表现了一个怎样的上海社会?

三、口语表达题

1. 用自己的话讲述《卧虎藏龙》的故事。
2. 观看电影《卧虎藏龙》,说一说中国武侠电影最吸引你的地方在哪里。

10.5　大地之爱——走访艾青故居视频

本视频为主讲教师带领留学生参观浙江金华的艾青故居，了解艾青生平，讲读艾青代表作《大堰河——我的保姆》等诗歌，时长约 22 分钟。

艾青故居对于了解艾青怎样从一个普通的平民成为诗坛泰斗的历程，对于了解艾青诗歌的主题和特点具有重要价值。

艾青故居坐落在金华傅村镇畈田蒋村，是一座典型的徽派建筑，是浙江省中国重点文物保护单位。故居坐北朝南，门口有一座艾青的青铜半身雕像，诗人表情凝重庄严，眼望远方，基座书写着"人民的诗人"几个字。

艾青 1910 年出生于畈田蒋村一个封建地主家庭，1933 年在狱中首次用"艾青"这一笔名创作了长诗《大堰河——我的保姆》，深情歌咏了对乳母大堰河这位劳动妇女、这位"母亲"的思念，感情真挚，诗风清新，轰动文坛，也奠定了艾青作为"人民的诗人"的诗歌主题。此后艾青的诗歌大多讴歌劳动人民的生活，在艺术上形成独特风格，名扬海内外。

大堰河的孙女婿蒋祥荣先生是艾青故居的管理员，他热情接待了留学生，并向留学生赠送了亲手书写的扇面《我爱这土地》。

在老师的带领下，留学生们通过参观艾青故居，更直观地了解了艾青的生平，他走出乡村，到杭州学习；走出中国，到法国勤工俭学；回到祖国，投入民族斗争；尤其是在抗战期间，艾青用饱含泪水、充满热情的声音歌唱祖国、追求光明和希望的斗争精神，深深打动了每一位留学生。

10.6 光的赞歌——走访艾青文化公园视频

本视频为主讲教师带领留学生参观浙江金华艾青文化公园，讲读艾青代表作《光的赞歌》《我爱这土地》等诗歌，时长约20分钟。

艾青文化公园位于金华市金东区义乌江南岸，是一个将艾青诗歌文化与城防大堤紧密结合的绿色景观文化主题公园，是金华城市绿地系统三江六岸公园绿带的一部分。

一走进艾青文化公园，留学生们就被中心广场上一组壮观的雕塑所吸引。这座雕塑由36根1.2米见方的天然石柱按高度渐变排列组成，名叫《光的赞歌》，表现了艾青的同名诗歌对光明和希望的礼赞。

《光的赞歌》写于1978年，表达了艾青对祖国、人民的爱初心不改，对光明和希望的追求没有停止。在艾青的诗歌创作中，光是重要的创作对象。光是太阳，是黎明，是火把，是艾青对美好的不懈追求，是艾青怀揣的希望，更是艾青执着不灭的信念。《光的赞歌》是诗人对自己生活和创作的一次总结，同时也是对一个新的中国的歌咏。通过《光的赞歌》，留学生们深切体会到了艾青先生对光明美好的不懈追求。

在义乌江的滔滔水声中，留学生们站在《我爱这土地》的书页前，激情澎湃地集体朗诵了艾青的这首名诗，感受诗人对祖国和大地的深爱之情。艾青文化公园绿草如茵，环境优美，旁边的小区高楼林立，留学生对比今昔，更加感受到"和谐中国""和美金华"的幸福生活，赞叹中国的快速发展和伟大复兴。

10.7 经典阅读：艾青《我爱这土地》

假如我是一只鸟，
我也应该用嘶哑的喉咙歌唱：
这被暴风雨所打击着的土地，
这永远汹涌着我们的悲愤的河流，
这无止息地吹刮着的激怒的风，
和那来自林间的无比温柔的黎明……
——然后我死了，
连羽毛也腐烂在土地里面。

为什么我的眼里常含泪水？
因为我对这土地爱得深沉……

练习

一、填空题

1. 艾青是浙江(　　　)人。“艾青”是他发表成名作《大堰河——我的(　　　)》时开始使用的笔名。

2.《我爱这土地》发表于(　　　　)。

3. (　　　　)我是一只鸟,

我也应该用(　　　)的喉咙歌唱:

这被暴风雨所(　　　)着的土地,

这永远(　　　)着我们的悲愤的河流,

这无止息地吹刮着的(　　　)的风,

和那来自林间的无比温柔的(　　　)……

二、论述题

1. 在《我爱这土地》这首诗里,艾青运用了哪些意象?

2. 结合诗歌创作时的社会背景,说说这些意象的象征意义。

三、口语表达题

1. 观看教学实践视频:走访艾青故居和艾青文化公园,说一说艾青的人生经历。

2. 有感情地配乐朗诵诗歌《我爱这土地》。

3. 你的国家有艾青这样的诗人吗?如果有的话,请简单介绍一下这位诗人和他的创作。

第十一章

中国现代文学

11.1 穆旦：防空洞里的抒情诗人

穆旦，原名查良铮，与香港武侠小说大师金庸（原名查良镛）是浙江海宁查氏家族“良”字辈的同族兄弟。穆旦的笔名是将“查”姓上下拆分，将“木”与“穆”谐音而得。

穆旦

穆旦1918年出生于天津，在南开中学读书时，他对文学产生了浓厚的兴趣，开始写诗。面对日本对京津地区的侵凌，穆旦愤怒地写下了《哀国难》。1935年，穆旦考入清华大学地质系，半年后改读外文系。1937年7月抗日战争全面爆发，穆旦随清华大学南迁长沙，接着又随校西迁，徒步远征达3 500华里，就读于北大、清华、南开三所大学组成的西南联大。

抗战的硝烟烽火并不能挡住诗人的抒情与歌唱。西南联大相对宁静的校园是诗人们坚守精神自由的家园。现代新诗的前辈诗人们、热情洋溢的校园诗人们，都汇聚在这里，热烈探索与试验现代派的诗歌观念和形式，培育形成了一个有别于早期白话诗人和新月派诗人的“中国新诗派”。在这样的氛围中，穆旦开始系统地接触西方现代派的诗歌和诗论，聆听英国著名现代派诗人燕卜逊教授的现代派文学理论，与现代新诗的前辈们、志同道合的师友们切磋诗歌艺术，创作逐渐走向成熟。从1938年到1942年，穆旦在西南联大学习和工作的四年中，创作和发表了大量的诗作，这些作品以冷峻目光审视现实，以深邃的思考叩击人生，初步显示了诗人极具个性的艺术追求。《赞美》《诗八首》等重要诗篇就出自这一时期。

1942年，24岁的穆旦投笔从戎，以西南联大助教的身份报名参加中国远征军，以中校翻译官的身份随军进入缅甸抗日战场。同年5月至9月，亲历滇缅大撤退，经历了震惊中外的野人山战役。他曾经困在原始森林野人山，断粮八天，在热带雨林中穿山越岭，踏着堆堆白骨侥幸逃出野人山。1945 年 9 月，穆旦根据入缅作战的经历创作了中国现代诗歌史上的著名诗篇《森林之魅——祭胡康河上的白骨》。

中国新诗派主张诗歌是"生命的文学"与"人民的文学"的综合，是现实、象征和玄学的综合，强调生活的现实与心灵的现实的融合，抽象的思想与美丽的肉体的结合，努力从诗歌语言和思维方式两个方面来探索新诗的现代化，不仅具有强烈的时代感、历史感和现实精神，而且营造了新颖奇特的意象和境界，深化了中国新诗现代主义的传统，为新诗的发展做出了贡献。

穆旦无疑是 20 世纪 40 年代"中国新诗派"的佼佼者。中国传统文化追求"圆满"与"中和"，但在穆旦的笔下，世界是残缺的，自我也是残缺的，不断分裂、破碎，永远站在不稳定的点上，处于矛盾张力中。譬如，他在《被围者》里写道："一个圈，多少年的人工，/我们的绝望将使它完整。/毁坏它，朋友！让我们自己/就是它的残缺。"相对于郭沫若《天狗》中不断扩张的自信的主体，徐志摩《雪花的快乐》中浪漫自恋的主体，穆旦的"残缺的自我"在中国新诗史上是前所未有的，这个"残缺的自我"，既来自诗人对当时的政治社会生活的体验，也来自诗人对个体生命的沉思。

穆旦的诗歌不仅超越了以"圆"为中心的传统哲学，也突破了以"圆"为中心的美学思维。他的诗歌注重自身心灵的搏斗和内层思想感情的开掘，汇聚了各种相反相异的力量：个体和群体，欲望与信仰，现实与理想，创造与毁灭，流亡与归宿，真实与谎言，生与死……相互对立、渗透、撞击，纠结为一团，而这，在穆旦看来，正是现代人真实的思维方式和情感方式。转化到诗歌意象上，穆旦拒绝使用新月派的新格律诗常常借用的传统意象，努力在抽象概念与具体形象的结合中，运用独创的暗喻和跳跃的意象，以独特新颖的方式融入理性成分，追求情感传达的最大密度。穆旦著名的《诗八首》便是如此："你底眼睛看见这一场火灾，/你看不见我，虽然我为你点燃；/唉，那燃烧着的不过是成熟的年代。/你底，我底。我们相隔如重山！"表面上看是爱情诗，实则表达了对于自身的也是人类的恋爱情感过程的哲理思考，有一种超越爱情的生命感和厚重的时代感。

穆旦的诗虽然大多数并不是直接表现时代，却有着明显的时代感，无论是残缺的世界，还是矛盾的自我，都是对时代的象征写照。而最能表现这种深刻的时代感的，是穆旦创作于 1941 年 12 月的《赞美》。穆旦随清华大学辗转长沙、昆明，是一次收获了"丰富，和丰富的痛苦"的经历。正是在这一次中国现代教育史上非凡的"长征"中，穆旦真切地目睹了中国偏远的西南部那些挣扎于生死线上的底层的苦难，对于一个一直生活于中国都市与静谧校园的文学青年而言，其震惊不亚于一场精神世界的地震，它引导诗人开始重新发现周遭的生存真相。就像《赞美》中诗人所观察到的中华民族远未结束的悲哀、屈辱与无奈：荒凉的土地，佝偻的人民，黑暗的茅屋，饥饿的孩子……对民族生存现状的痛苦记忆，使诗人的"赞美"不是廉价或单纯的爱国主义热情，而是充满了对坚忍不拔的民族性格的深思，对中华民族顽强生命力的赞美，也充满了"向死而生"、反抗绝望的忧患意识与自我抗争。正因为这样，每一节末尾不断重复的"一个民族已经起来"，才具有了深沉而充满激情的力量。

1949 年穆旦自费到美国芝加哥大学留学，攻读英美文学和俄罗斯文学硕士。1953 年学成归国后，穆旦主要以"查良铮"的原名，从事外国诗歌的翻译，普希金、拜伦、雪莱、济慈、艾略特等诗人，通过他精准的翻译走向中国读者。穆旦对新诗语言和情感表达方式的现代性探索，以及他在诗歌翻译史上的伟大成就，在诗坛至今有着重要的影响。

练习

一、填空题

1. 抗战期间，北大、清华和南开三所大学在昆明组成了临时性的大学（　　　　）。
2. 穆旦在西南联大期间，创作了（　　　　　）、《诗八首》等重要诗歌，成为“（　　　　　）派”的代表诗人。
3. 1945 年 9 月，穆旦根据入缅作战的经历创作了中国现代诗歌史上的著名诗篇（　　　　　　　　）。
4. 西南联大相对宁静的校园培育形成了一个有别于早期白话诗和新月派诗的“中国新诗派”。请说一说，“中国新诗派”都有何主张？其中穆旦的诗歌又有什么特点？

二、论述题

1. 搜索相关资料，勾勒出穆旦和清华大学的师生从北京到昆明的大致流徙线路。
2. 穆旦抗战期间的哪段经历给你的印象最为深刻？为什么？
3. 跟郭沫若和“新月派”的诗歌相比，穆旦的诗歌有什么特点？请结合具体的作品谈一谈。

三、口语表达题

1. 请说一说穆旦的笔名的由来。
2. 穆旦抗战期间的经历怎样影响了他的创作？结合他的代表作《赞美》谈一谈。

11.2　经典讲读视频

本视频讲读的是诗人穆旦的代表作《赞美》，时长约 12 分钟。

穆旦是一个以满腔热情追随民族大解放和人民大解放的诗人，有着为“苦难铸就的诗魂”，他的诗歌是“生命的文学”与“人民的文学”的综合，抒情长诗《赞美》就集中体现了这一特色。

《赞美》创作于 1941 年 12 月，诗人以饱含深情的热爱，敏锐地感受到了抗战相持阶段民族的苦难、人民的奋起，感受到了民族的希望。全诗分为四节，以“赞美”为核心主题，通过每节结尾反复吟咏“一个民族已经起来”，表达了中华民族面对外敌侵略不屈的民族精神，流露出诗人对充满灾难的历史和山川的悲悯、对民族命运的忧思、对人民力量的崇拜。

视频讲读逐一分析了每一节的主要内容、核心意象以及表达的情感，尤其是第二、第三节中“农夫”的形象及其象征意义，以及全诗最后连用两个“然而一个民族已经起来”的情感变化。《赞美》以第一人称“我”为抒情主人公，以民族化的意象和富有弹性的诗歌语言，表达了诗人丰富的痛苦，达到了民族性与现代性的高度融合。

11.3　经典阅读：穆旦《赞美》

走不尽的山峦的起伏，河流和草原，
数不尽的密密的村庄，鸡鸣和狗吠，
接连在原是荒凉的亚洲的土地上，
在野草的茫茫中呼啸着干燥的风，
在低压的暗云下唱着音调的东流的水，
在忧郁的森林里有无数埋藏的年代
它们静静地和我拥抱：
说不尽的故事是说不尽的灾难，沉默的
是爱情，是在天空飞翔的鹰群，
是干枯的眼睛期待着泉涌的热泪，
当不移的灰色的行列在遥远的天际爬行；
我有太多的话语，太悠久的感情，
我要以荒凉的沙漠，坎坷的小路，骡子车，
我要以槽子船，漫山的野花，阴雨的天气，
我要以一切拥抱你，你，
我到处看见的人民呵，
在耻辱里生活的人民，佝偻的人民，
我要以带血的手和你们一一拥抱，
因为一个民族已经起来。

一个农夫，他粗糙的身躯移动在田野中，
他是一个女人的孩子，许多孩子的父亲，
多少朝代在他的身边升起又降落了

而把希望和失望压在他身上，
而他永远无言地跟在犁后旋转，
翻起同样的泥土溶解过他祖先的，
是同样的受难的形象凝固在路旁。
在大路上多少次愉快的歌声流过去了，
多少次跟来的是临到他的忧患；
在大路上人们演说，叫嚣，欢快，
然而他没有，他只放下了古代的锄头，
再一次相信名词，溶进了大众的爱，
坚定地，他看着自己溶进死亡里，
而这样的路是无限的悠长的
而他是不能够流泪的，
他没有流泪，因为一个民族已经起来。

在群山的包围里，在蔚蓝的天空下，
在春天和秋天经过他家园的时候，
在幽深的谷里隐着最含蓄的悲哀：
一个老妇期待着孩子，许多孩子期待着
饥饿，而又在饥饿里忍耐，
在路旁仍是那聚集着黑暗的茅屋，
一样的是不可知的恐惧，一样的是
大自然中那侵蚀着生活的泥土，
而他走去了从不回头诅咒。
为了他我要拥抱每一个人，
为了他我失去了拥抱的安慰，
因为他，我们是不能给以幸福的，
痛哭吧，让我们在他的身上痛哭吧，

因为一个民族已经起来。

一样的是这悠久的年代的风，
一样的是从这倾圮的屋檐下散开的
无尽的呻吟和寒冷，
它歌唱在一片枯槁的树顶上，
它吹过了荒芜的沼泽，芦苇和虫鸣，
一样的是这飞过的乌鸦的声音
当我走过，站在路上踯躅，
我踯躅着为了多年耻辱的历史
仍在这广大的山河中等待，
等待着，我们无言的痛苦是太多了，
然而一个民族已经起来，
然而一个民族已经起来。

练习

一、填空题

1. 我要以一切(　　　)你，你，

   我到处看见的(　　　)呵，

   在(　　　)里生活的人民，(　　　)的人民，

   我要以带血的手和你们(　　　)拥抱，

   因为一个(　　　)已经起来。

2. 当我走过，站在路上(　　　)，

   我踟蹰着为了多年耻辱的(　　　)

   仍在这广大的(　　　)中等待，

   等待着，我们无言的(　　　)是太多了。

二、论述题

1.《赞美》中出现了几次“一个民族已经起来”？每一次表达的感情一样吗？

2. 在第二、三节，诗人把目光集中在一个农夫身上。请发挥想象，写一写这个农夫的故事。

3. 结合上下文，你觉得这个“农夫”具有什么象征意义？

4.《赞美》运用了大量的意象。结合这些意象说一说，诗人对历史、祖国、山川大地、人民表达了怎样的情感？为什么诗人觉得“一个民族已经起来”？

三、口语表达题

1. 有感情地朗诵《赞美》全文，感受诗人表达的“丰富的痛苦”。

中国现代文学

第十二章

12.1 写在人生边上：钱钟书与《围城》

钱钟书

钱钟书是以学者身份“客串”写小说的，他的作品虽然不多，却充满了智慧和丰富的想象力，奠定了在中国现代文学史上的独特地位。

钱钟书1910年出生于江苏无锡的一户书香门第，父亲是著名的文学史家。少年时期，钱钟书就读于美国圣公会办的中学，功课很好，唯独数学很差。1929年，钱钟书以英文满分，国文几乎满分，数学只有15分的成绩，考入清华大学外文系，名震校园。1933年从清华大学毕业后，钱钟书在上海光华大学任教。两年后，他以第一名的成绩考取英国庚子赔款公费留学生，和妻子杨绛一起赴英国牛津大学留学。

钱钟书一生酷爱读书，知识渊博，大智若愚，不太看重学位，在牛津大学获得副博士学位后，他到巴黎进修法国文学。1938年回国，被西南联大破例聘为教授，次年赴国立蓝田师范学院任英文系主任。1941年珍珠港事件爆发，钱钟书被困在上海法租界，这个时期完成了文艺评论集《谈艺录》和散文集《写在人生边上》，并写作后来收入《人·兽·鬼》的短篇小说。1944年至1946年，钱钟书创作完成了长篇小说《围城》，有感于困顿在上海沦陷区这“两年里忧世伤生”的经历和情绪，这部小说的题目和主旨富有了深厚的意蕴。《围城》从1946年2月开始，在《文艺复兴》上连载，历时一年，为这份抗战胜利后新办的大型文学杂志赢得了不小的声誉。1947年，《围城》出版单行本，成为至今畅销不衰的经典。由黄蜀芹导演改编的10集电视连续剧《围城》也成为中国荧屏上的经典之作。

《围城》的故事发生于20世纪20到40年代。主人公方鸿渐是个出生于中国南方乡绅家庭的青年人，总是处于一种悠然混沌的状态中，很少有什么人生的忧虑。他由家庭做主，与同乡周家的女子订亲，但在他上大学期间，未婚妻患病早亡，准岳父资助他出国求学。在欧洲留学，方鸿渐并没有想到拿文凭，四年换了三所大学，在伦敦、巴黎、柏林四处游学，随便听几门课，"兴趣颇广，心得全无"，毕业前为了给丈人和父亲一个交待，仓皇之中买了一张假的博士学位以蒙混过关。留学归来之后，方鸿渐就陷入了家庭、婚姻和职业的围城中。在回国的船上，他经不住性感的鲍小姐的诱惑而被欺骗了感情。到达上海后，方鸿渐到准岳父开办的银行任职。方鸿渐的大学同学、留法博士苏文纨爱上了他，但方鸿渐并不喜欢没有才华的平庸小姐苏文纨，对苏文纨纯洁的表妹唐晓芙却一见钟情。方鸿渐与唐晓芙的恋爱无疾而终，苏文纨嫁给诗人曹元朗，整日周旋于虚荣无聊的社交圈。方鸿渐在周旋于苏、唐二人之间时，结识了追求苏文纨的"情敌"赵辛楣，两人惺惺相惜，成为挚友。抗战开始，方鸿渐在赵辛楣的引荐下，与赵辛楣、孙柔嘉、李梅亭几人一起去湖南的三间大学任教。在路上和到三间大学之后，方鸿渐结识了形形色色的人物，也领教了知识分子间的派系斗争，陷入复杂的人际纠纷而遭受排挤。孙柔嘉想尽办法与方鸿渐订婚，一起离开三间大学回到上海，在赵辛楣的帮助下，方鸿渐到一家报馆任职。婚后，方鸿渐夫妇与方家、孙柔嘉姑母家的矛盾暴露并激化，方鸿渐辞职，与孙柔嘉吵翻，不知生活如何继续。

方鸿渐由欧洲到上海，再由上海到湖南，又由湖南回到上海，像苍蝇一样，飞了一大圈又回到了原点，处境却每况愈下。究其原因，固然跟方鸿渐性格方面的缺陷有关，比如，他缺乏信念，做事没有目的，性格虚浮怯懦；但更重要的是，在当时的现实社会中，方鸿渐率真、善良、自由的天性，使他成为一个处处显得无用的"多余人"。相对于买假文凭来求取名利的假博士韩学愈，方鸿渐购买假文凭的行为更像是小孩子哄大人开心的撒谎，他从未利用这张文凭图谋过什么利益，却被人当成骗子，而真正的骗子韩学愈却深知"谎言说一千遍就是真理"的现实规则，一本正经地稳坐泰山。相对于李梅亭这样的市侩知识分子，方鸿渐既有知识，也有智慧，但他既不会算计，也没有手段，更不会恭维，不会经营与同事和领导的关系,也没有能力在勾心斗角的人际关系中维护自己的利益。相对于苏文纨、曹元朗虚荣无聊的社交圈子,方鸿渐偏有质朴、率真的高雅品格,难以苟同。方鸿渐不仅在社会上是多余的,他在家庭里也是多余的。作为方家的长子,他既不懂得如何孝顺父母,也不懂得处理好兄弟关系;身为丈夫,他不懂在小家庭中作顶天立地的顶梁柱,既不会讨好老婆,也不会控制老婆,使孙柔嘉非常失望,进而蔑视。

方鸿渐在人性上是完美的,他性情率真,不伪装,不伪善,不趋炎附势,不追名逐利,内外一致,始终处于一种自由自适的状态。然而,在现实社会中,这样一种过于率性的人性,注定了他的人生旅程每走一步,他的自由自适的心灵就必然遭受一次重创。到小说结尾,方鸿渐心力交瘁,流落街头,只感到自己就像街上卖年货的老头子筐里装的"粗拙的泥娃娃",在"这个年头没人过问"。赵辛楣说方鸿渐"不讨厌,可是全无用处",方鸿渐既具有超越世俗的气质,却又没有超越庸俗的过人本事或真才实学,最终成为一个彻底的失败主义者。"围在城里的人想逃出去,城外的想冲进来。对婚姻也罢,职业也罢,人生的状况也大都如此。"方鸿渐在职业、婚姻、家庭中的处处碰壁、烦恼不断,是对"围城"这个意象的最好诠释。自由的人性在不自由的现实中永远是"多余的",从这个意义上说,我们每一个人也都是方鸿渐。

除了方鸿渐,《围城》还以毫不留情的讽刺描写了抗战初期知识分子的群相,比如,以投机代替学术而成为名流的"青年哲学家"褚慎明,以"科学老家"的资本和圆滑虚伪的处事方式赢得校长宝座的高松年,没有学问、靠裙带关系夺得系主任职位的汪处厚,没有后台但有无耻的教授李梅亭……人人都在名利场上各显神通,追求飞黄腾达。钱钟书对知识分子的种种丑态做了无情的批判,《围城》因此被誉为"新《儒林外史》"。

练习

一、填空题

1. 钱钟书是以(   )身份“客串”写小说的，他的作品虽然不多，却充满了(   )和丰富的想象力。
2. 钱钟书的作品有长篇小说(   )和短篇小说集(   )。

二、论述题

1. 方鸿渐是个怎样的留学生？对他买假文凭的做法，你怎么看？
2. 方鸿渐先后与哪几个女性交往？从中可以看出方鸿渐的什么性格特点？
3. 跟李梅亭、韩学愈、曹元朗等其他知识分子相比，方鸿渐有什么不同？
4. 赵辛楣说方鸿渐“不讨厌，可是全无用处”，你怎么理解这句话？你觉得方鸿渐在社会中是“多余”的吗？
5. 你怎么理解小说的题目“围城”？

三、口语表达题

1. “儒林”是什么意思？说一说，为什么《围城》被称为“新《儒林外史》”？
2. 如果你是女性，你愿意找方鸿渐这样的丈夫吗？如果你是男性，你愿意和方鸿渐做朋友吗？说说你的理由。

12.2　经典阅读：钱钟书《围城》片段

三星期后一个星期六，鸿渐回家很早。柔嘉道："赵辛楣有封航空快信，我以为有什么要紧事，拆开看了。对不住。"

鸿渐一壁换拖鞋道："他有信来了！快给我看，讲些什么话？"

"忙什么？并没有要紧的事。他写了快信，要打回单，倒害我找你的图章找了半天，信差在楼下催，急得死人！你以后图章别东搁西搁，放在一定的地方，找起来容易。这是咱们回上海以后，他第一次回你的信罢？我以为不必发快信，多写几封书信，倒是真的。"

鸿渐知道她对辛楣总有点冤仇，也不理她。信很简单，说历次信都收到，沈太太事知悉，上海江河日下，快来渝为上，或能同在一机关中服务，可到上次转运行李的那家公司上海办事处见薛经理，商量行程旅伴。信末有"内子嘱笔敬问嫂夫人好"。他像暗中摸索，忽见灯光，心里高兴，但不敢露在脸上，只说："这家伙！结婚都不通知一声，也不寄张结婚照相来。我很愿意你看看这位赵太太呢。"

"我不看见也想得出。辛楣看中的女人，汪太太、苏小姐，我全瞻仰过了。想来也是那一派。"

"那倒不然。所以我希望他寄张照相来，给你看看。"

"咱们结婚照送给他的。不是我离间，我看你这位好朋友并不放你在心上。你去了有四五封信罢？他才潦潦草草来这么一封信，结婚也不通知你。他阔了，朋友多了；我做了你，一封信没收到回信，决不再去第二封。"

鸿渐给她说中了心事，支吾道："你总喜欢过甚其词，我前后不过给他三封信。他结婚不通知我，是怕我送礼；他体谅我穷，知道咱们结婚受过他的厚礼，一定要还礼。"

柔嘉干笑道："哦，原来是这个道理！只有你懂他的意思了。毕竟是好朋友，知己知彼！不过，喜事不比丧事，礼可以补送的，他应当信上干脆不提'内子'两个字儿。你要送礼，这时候尽来得及。"

鸿渐被驳倒，只能敲诈道："那么你替我去办。"

柔嘉一壁刷着头发道："我没有工夫。"

鸿渐道："早晨出去还是个人，这时候怎么变成刺猬了！"

柔嘉道："我就是刺猬，你不要跟刺猬说话。"

沉默了一会，刺猬自己说话了："辛楣信上劝你到重庆去，你怎样回复他？"

鸿渐嗫嚅道："我想是想去，不过还要仔细考虑一下。"

"我呢？"柔嘉脸上不露任何表情，像下了百叶窗的窗子。鸿渐知道这是暴风雨前的静寂。

"就是为了你，我很踌躇。上海呢，我很不愿意住下去，报馆里也没有出路，这家庭一半还亏你维持的——"鸿渐以为这句话可以温和空气——"辛楣既然一番好意，我很想再到里面去碰碰运气。不过事体还没有定，带了家眷进去，许多不方便，咱们这次回上海找房子的苦，你当然记得。辛楣是结了婚的人，不比从前。我计划我一个人先进去，有了办法，再来接你，你以为何如？当然这要从长计议，我并没有决定，你的意见不妨说给我听听。"鸿渐说这一篇话，随时准备她截断，不知道她一言不发，尽他说。这静默使他愈说愈心慌。

"我在听你做多少文章。尽管老实讲出来得了。结了婚四个月，对家里又丑又凶的老婆早已厌倦了——压根儿就没爱过她——有机会远走高飞，为什么不换换新鲜空气。你的好朋友是你的救星，逼你结婚是他——我想着就恨——帮你恢复自由也是他。快去罢！他提拔你做官呢，说不定还替你找一位官太太呢！我们是配不上你的。"

鸿渐咄咄道："哪里来的话！真是神经过敏。"

"我一点儿不神经过敏。你尽管去，我决不扣留你。倒让你的朋友说我'千方百计'嫁了个男人，把他看得一步不放松，倒让你说家累耽误了你的前程。哼，我才不呢！我吃我自己的饭，从来没叫你养过，我不是你的家累。你这次去了，回来不回来，悉听尊便。"

鸿渐叹气道："那么——"柔嘉等他说："我就不去，"不料他说——"我带了你同进去，那总好了。"

"我这儿好好的有职业，为什么无缘无故扔了它跟你去。到了里面，万一两个人全找不到事，真叫辛楣养咱们一家？假使你有事，我没有事，那时候你不知要怎样欺负人呢！辛楣信上没说提拔我，我进去干什么？做花瓶？太丑，没有资格。除非服侍官太太做老妈子。"

"活见鬼！活见鬼！我没有欺负你，你自己动不动表示比我能干，赚的钱比我多。你现在也知道你在这儿是靠亲戚的面子，到了内地未必找到事罢？"

"我是靠亲戚，你呢？没有亲戚可靠，靠你的朋友，咱们俩还不是彼此彼此？并且我从来没说我比你能干，是你自己心地龌龊，咽不下我赚的钱比你多。内地呢，我也到过。别忘了三间大学停聘的不是我。我为谁牺牲了内地的事到上海来的？真没有良心！"

鸿渐气得冷笑道："提起三间大学，我就要跟你算账。我懊悔听了你的话，在衡阳写信给高松年谢他，准给他笑死了。以后我再不听你的话，你以为高松年给你聘书，真要留你么？别太得意，他是跟我捣乱哪！你这傻瓜！"

"反正你对谁的话都听，尤其赵辛楣的话比圣旨都灵，就是我的话不听。我只知道我有聘书你没有，管他'捣乱'不'捣乱'。高松年告诉你他在捣乱？你怎么知道？不是自己一个指头遮羞么？"

"是的。他真心要留住你，让学生再来一次 beat down Miss Sung 呢。"

柔嘉脸红得像斗鸡的冠，眼圈也红了，定了定神，说："我是个年轻女孩子，大学刚毕业，第一次做事，给那些狗男学生欺负，没有什么难为情。不像有人留学回来教书，给学生上公呈要赶走，还是我通的消息，保全他的饭碗。"

鸿渐有几百句话，同时夺口而出，反而一句说不出。柔嘉不等他开口，说："我要睡了，"进浴室漱口洗脸去，随手带上了门。到她出来，鸿渐要继续口角，她说："我不跟你吵。感情坏到这个田地，多说话有什么用？还是少说几句，留点余地罢。你要吵，随你去吵；我漱过口，不再开口了。"说完，她跳上床，盖上被，又起来开抽屉，找两团棉花塞在耳朵里，躺下去，闭眼静睡，一会儿鼻息调匀，像睡熟了。她丈夫恨不能拉她起来，逼她跟自己吵，只好对她的身体挥拳作势。她眼睫毛下全看清了，又气又暗笑。明天晚上，鸿渐回来，她烧了橘子酪等他。鸿渐怄气不肯吃，熬不住嘴馋，一壁吃，一壁骂自己不争气。她说："回辛楣的信你写了罢？"他道："没有呢，不回他信了，好太太。"她说："我不是不许你去，我劝你不要卤莽，辛楣人很热心，我也知道。不过，他有个毛病，往往空口答应在前面，事实上办不到。你有过经验的。三间大学直接拍电报给你，结果还打了个折扣，何况这次是他私人的信，不过泛泛说句谋事有可能性呢？"鸿渐笑说："你真是'千方百计'，足智多谋，层出不穷。幸而他是个男人，假使他是个女人，我想不出你更怎样吃醋？"柔嘉微窘，但也轻松地笑道："为你吃醋，还不好么？假使他是个女人，他会理你？他会跟你往来？你真在做梦！只有我哪，昨天挨了你的骂，今天还要讨你好。"

练习

一、查词典，解释下列成语，并结合上下文，说说它们在小说中的意思

1. 江河日下
2. 知己知彼
3. 夺口而出
4. 足智多谋
5. 层出不穷

二、论述题

1. 方鸿渐为什么说孙柔嘉是“刺猬”？
2. 赵辛楣写信来让方鸿渐离开上海，到重庆去，方鸿渐和孙柔嘉对这个建议分别是什么态度？
3. 孙柔嘉非常不喜欢方鸿渐的朋友赵辛楣。从文中哪些地方可以看出？
4. 方鸿渐是个怎样的丈夫？你觉得他和孙柔嘉的婚姻是一种怎样的婚姻？

三、口语表达题

1. 你觉得孙柔嘉是个怎样的女人？
2. 选择文中的一个片段，跟同学分角色表演。

第十三章

13.1 烬余录：张爱玲的传奇人生与小说《传奇》

张爱玲

张爱玲是中国现代小说史上最优秀的小说家之一。张爱玲的成名，不仅因为她的小说艺术非同凡响，也因为她的身世和人生充满了传奇色彩。

张爱玲1920年出生在上海公共租界一幢没落的贵族府邸。张爱玲家世显赫，祖父张佩纶是晚清名臣，祖母则是朝廷重臣李鸿章的长女。她的父亲是遗少型的少爷，家教甚严，却生不逢时，除了能熟读典籍、吟诗作赋外，几乎一无所长，并沾染了吸食鸦片的恶习，得过且过。她的母亲也是名门之后，是一名新式女性，因不甘丈夫的平庸和陈腐的生活方式，长期在欧洲留学，不能顾及家庭和孩子。张爱玲8岁时，母亲从欧洲回国，在母亲的坚持下，张爱玲进美国教会办的小学插班学习，同时从英文名Eileen改名为张爱玲。这年，父母协议离婚，张爱玲随父亲生活。16岁时，张爱玲因为跟继母发生冲突，遭到父亲毒打，并被囚禁达半年之久，差点因痢疾丧命。张爱玲从家中逃出，投奔生母。但母亲非常理智，母女关系并不亲密。1938年底，张爱玲以远东地区第一名的成绩考取伦敦大学，因为战事激烈无法成行，改入香港大学文学系。不久，张爱玲在《西风》月刊上发表她的处女作《天才梦》。因太平洋战争爆发，1942年香港大学停办，张爱玲辍学回到上海。

就像张爱玲回忆香港沦陷的散文《烬余录》所写的，她的生活因为战争而被改变。回到上海，张爱玲无以为生，寄住在姑姑家，开始创作投稿。1943年，张爱玲在《紫罗兰》杂志发表小说《沉香屑・第一炉香》，在上海文坛一炮打响，崭露头角。此后，张爱玲一发而不可收，陆续发表了《茉莉香片》和《倾城之恋》

等。张爱玲说:“出名要趁早啊!”1944年,张爱玲在上海滩已经是大红大紫,成为最有名的女作家。汉奸文人胡兰成慕名拜访,两人一见钟情,于同年结婚。这一年,张爱玲又发表《红玫瑰与白玫瑰》,还出版了她一生中最重要的小说集《传奇》和散文集《流言》,并且发表《自己的文章》标明自己的写作观,以回应著名翻译家傅雷的批评,在上海文坛大放异彩。张爱玲与胡兰成的婚姻只维持了两年。抗战胜利后,胡兰成被通缉逃到杭州,后又与人以夫妻名义隐居温州。张爱玲千里寻夫,但胡兰成已移情他人。1947年,胡兰成脱离被通缉的危险,张爱玲寄去30万元与之了断关系。这段没有结果的婚恋是张爱玲人生中不寻常的经历,也是让她饱受非议的一段经历。

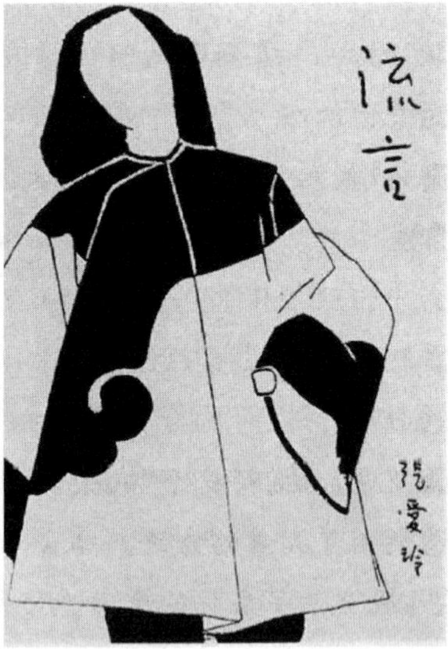

1950年,在夏衍的特别关照下,张爱玲应邀出席了上海第一次文代会,随后被安排到乡下参加土改工作两个月。1952年,张爱玲被香港大学准予复学,年底离开内地赴香港。在香港期间,张爱玲发表了长篇小说《秧歌》和《赤地之恋》,对中国大陆的土改运动和政治制度表现出质疑态度。1955年,张爱玲移居美国,与美国左翼作家赖雅结婚。赖雅比张爱玲大30岁,热情关注中国等社会主义国家的成就,1967年病逝。张爱玲生性孤僻,在美国数十年基本处于自我封闭的状态，很少与人交往，基本也不再创作小说。晚年更是深居简出，寓所里空空如也，没有床，没有桌子，没有电话。1995 年 9 月 8 日，张爱玲在洛杉矶寓所悄然去世，一星期后才被人们发现。

张爱玲的绝大部分小说都是描写日益金钱化的都市旧式大家庭的生活。在三四十年代的上海洋场，前清遗民式的中上层家庭是一个非常特殊的阶层，他们的生活方式已经发生现代的改变，但习惯、观念仍然是传统的，他们在现代环境下依然顽固地留存着中国式的封建心理，用张爱玲的话来形容，“生命是一袭华美的袍，爬满了虱子”。张爱玲以她敏锐的才华和世家生活的经验，淋漓尽致地刻画了这个阶层各色人等的性格和心理。成名作《倾城之恋》中的白流苏离婚回到娘家，遭全家人冷淡，为减少一个分家产的名额，家人合力催促她嫁人，早点离开娘家。她略施小技，就把相亲的华侨富商范柳原从妹妹那里夺了过来。香港的沦陷成全了这对各有所图的男女的婚姻。代表作《金锁记》中的曹七巧出身低微，嫁给残废的姜家二少爷，用自己的青春和受尽各方欺辱为代价，换来名下分得的房产。曹七巧暗恋小叔子姜季泽多年并加以引诱，姜季泽也圆滑世故，从不入曹的圈套。当她看穿姜季泽的主动上门只是哄骗她的钱，而不是为了她的人时，她成了个疯狂报复的女人，将数十年来的心理压抑转嫁到子女身上，她不动声色地向女儿的求婚者暗示女儿吸食鸦片，挑拨儿子与儿媳之间的关系，以破碎的人格破坏了自己的人生和整个家庭。《红玫瑰与白玫瑰》中的佟振保出国留洋回来，但在思想意识深处全然不见西方现代文化的影响，在与女人的关系上，对待婚姻的态度上，仍然梦想着妻妾成群的男权生活，散发着浓厚的专制自私的封建男权意识。就像小说集《传奇》的封面所描绘的，张爱玲仿佛是那个只有轮廓的夸张的现代女性，从窗外探进身体，去张看里面没落世家陈腐的日常生活，将旧家庭虚伪的面具撕得粉碎。

《封锁》发表于 1943 年 11 月，是张爱玲全盛时期的一个短篇小说。1943 年的上海已经被日本侵略者完全占领，人们战战兢兢地生存着。封锁铃声一响，电车成为一个相对静止、封闭的空间。华茂银行的会计师吕宗桢为躲避讨厌的亲戚，坐到陌生女人吴翠远的身边，这对戒严时刻在电车上偶然相遇的男女，在闲聊和调情中，仿佛逐渐忘记了现实的寡淡，产生了陌生的、临时的感情。但是，“封锁”一解除，电车照常当当地行驶，人们的行动都回归正常，淹没在这都市的海洋中。张爱玲通过封锁时期一对都市男女邂逅的寓言，敏锐地洞察了这个城市舞台上日日演出的饮食男女的浮世悲欢，捕捉到了都市人的隔膜和孤独，以及人性深处不堪揭露的脆弱与暗淡。

练习

一、填空题

1. 太平洋战争爆发之后，张爱玲辍学，从(　　　)回到上海。
2. 张爱玲在《紫罗兰》杂志发表小说(　　　　)，在上海文坛一炮打响，崭露头角。
3. 张爱玲最重要的作品有小说集(　　　　)和散文集(　　　　)。
4. 发表于 1943 年的短篇小说(　　　　)，描写了沦陷时期上海人的生活状态。

二、论述题

1. 张爱玲的小说主要描写了怎样的生活？请结合具体的作品简要分析。
2. 文中列出的张爱玲的小说，你最想看哪一部？为什么？

三、口语表达题

1. 为什么说张爱玲的人生具有传奇色彩？用自己的话说一说。
2. 张爱玲有句名言：“出名要趁早啊！”你赞同她的话吗？为什么？

13.2　经典讲读视频

本视频讲读的是张爱玲的经典短篇小说《封锁》,时长约15分钟。

1941年上海彻底被日本人占领,在沦陷的上海,“封锁”构成了人们日常生活的一部分。张爱玲的短篇小说《封锁》,就撷取了封锁期间电车上的一个场景,展示了沦陷时期普通男女的生活与情感,以及战争对人们生活的威胁和影响。

小说女主人公吴翠远是一个极其普通的女孩,大学毕业后留校做英文助教,对于爱情,她既不甘心像贫寒人家的女孩匆匆嫁人,又无法自我奋斗出人头地;对于职业,她既不喜欢这份工作,又无法改变自己,生命处于一种“模棱两可”的状态。男主人公吕宗桢是一个银行会计师,虽受过现代高等教育,但仍是个愚昧世俗的小市民,对工作毫无兴趣又不得不埋头苦干,循规蹈矩地忠于丈夫和父亲的角色,麻木地过着琐碎而无聊的生活,精神上“无家可归”。战时突然的封锁让两个普通男女在电车里邂逅,暂时脱离了平庸的日常生活。

视频讲读聚焦于吴翠远和吕宗桢的一举一动,介绍了男女主人公从相遇、相惜到相别的具体过程,分析了人物微妙的心理变化。视频讲读还分析了《封锁》的艺术结构和象征意义。小说不足八千字,短小如寓言,反映了现实生活中人与人之间处于“封锁”状态的生命感觉以及心灵渴望。

节选的主要内容是小说的结尾部分,描写了封锁即将解除时男女主人公的心理和行为反应。

13.3 经典阅读：张爱玲《封锁》片段

开电车的人开电车。在大太阳底下，电车轨道像两条光莹莹的，水里钻出来的曲蟮，抽长了，又缩短了；抽长了，又缩短了，就这么样往前移——柔滑的，老长老长的曲蟮，没有完，没有完……开电车的人眼睛钉住了这两条蠕蠕的车轨，然而他不发疯。

如果不碰到封锁，电车的进行是永远不会断的。封锁了。摇铃了。“叮玲玲玲玲玲，”每一个“玲”字是冷冷的一小点，一点一点连成一条虚线，切断了时间与空间。

电车停了，马路上的人却开始奔跑，在街的左面的人们奔到街的右面，在右面的人们奔到左面。商店一律的沙啦啦拉上铁门。女太太们发狂一般扯动铁栅栏，叫道：“让我们进来一会儿！我这儿有孩子哪，有年纪大的人！”然而门还是关得紧腾腾的。铁门里的人和铁门外的人眼睁睁对看着，互相惧怕着。

电车里的人相当镇静。他们有座位可坐，虽然设备简陋一点，和多数乘客的家里的情形比较起来，还是略胜一筹。街上渐渐的也安静下来，并不是绝对的寂静，但是人声逐渐渺茫，像睡梦里所听到的芦花枕头里的窸窣声。这庞大的城市在阳光里盹着了，重重的把头搁在人们的肩上，口涎顺着人们的衣服缓缓流下去，不能想像的巨大的重量压住了每一个人。……

……

街上一阵乱，轰隆轰隆来了两辆卡车，载满了兵。翠远与宗桢同时探头出去张望；出其不意地，两人的面庞异常接近。在极短的距离内，任何人的脸部和寻常不同，像银幕上特写镜头一般的紧张。宗桢和翠远突然觉得他们俩还是第一次见面。在宗桢的眼中，她的脸像一朵淡淡几笔的白描牡丹花，额角上两三根吹乱的短发便是风中的花蕊。

他看着她，她红了脸。她一脸红，让他看见了，他显然是很愉快。她的脸就越发红了。

宗桢没有想到他能够使一个女人脸红,使她微笑,使她背过脸去,使她掉过头来。在这里,他是一个男子。平时,他是会计师,他是孩子的父亲,他是家长,他是车上的搭客,他是店里的主顾,他是市民。可是对于这个不知道他的底细的女人,他只是一个单纯的男子。

他们恋爱着了。他告诉她许多话,关于他们银行里,谁跟他最好,谁跟他面和心不和,家里怎样闹口舌,他的秘密的悲哀,他读书时代的志愿……无休无歇的话,可是她并不嫌烦。恋爱着的男子向来是喜欢说,恋爱着的女人破例地不大爱说话,因为下意识地她知道:男人彻底地懂得了一个女人之后,是不会爱她的。

……

车上的人又渐渐多了起来,外面许是有了“封锁行将开放”的谣言,乘客一个一个上来,坐下,宗桢与翠远给他们挤得紧紧的,坐近一点,再坐近一点。

宗桢与翠远奇怪他们刚才怎么这样的糊涂,就想不到自动的坐近一点。宗桢觉得他太快乐了,不能不抗议。他用苦楚的声音向她说:“不行!这不行!我不能让你牺牲了你的前程!你是上等人,你受过这样好的教育……我——我又没有多少钱,我不能坑了你的一生!”可不是,还是钱的问题。他的话有理。翠远想道:“完了。”以后她多半会嫁人的,可是她的丈夫决不会像一个萍水相逢的人一般的可爱——封锁中的电车上的人……一切再也不会像这样自然。再也不会……呵,这个人,这么笨!这么笨!她只要他的生命中的一部分,谁也不希罕的一部分。他白糟蹋了他自己的幸福。那么愚蠢的浪费!她哭了,可是那不是斯斯文文的,淑女式的哭。她简直把她的眼泪唾到他脸上。他是个好人——世界上的好人又多了一个!

向他解释有什么用?如果一个女人必须倚仗着她的言语来打动一个男人,她也就太可怜了。

宗桢一急,竟说不出话来,连连用手去摇撼她手里的阳伞。她不理他,他又去摇撼她的手,道:“我说——我说——这儿有人哪!别!别这样!待会儿我们在电话上仔细谈。你告诉我你的电话。"翠远不答。他逼着问道："你无论如何得给我一个电话号码。"翠远飞快的说了一遍道："七五三六九。"宗桢道："七五三六九？"她又不作声了。宗桢嘴里喃喃重复着："七五三六九，"伸手在上下的口袋里掏摸自来水笔，越忙越摸不着。翠远皮包里有红铅笔，但是她有意的不拿出来。她的电话号码，他理该记得，记不得，他是不爱她，他们也就用不着往下谈了。

封锁开放了。"叮玲玲玲玲玲"摇着铃，每一个"玲"字是冷冷的一点，一点一点连成一条虚线，切断时间与空间。

一阵欢呼的风刮过这大城市，电车当当当往前开了。宗桢突然站起身来，挤到人丛中，不见了。翠远偏过头去，只做不理会。他走了，对于她，他等于死了。电车加足了速力前进，黄昏的人行道上，卖臭豆腐干的歇下了担子，一个人捧着文王神的匣子，闭着眼霍霍的摇。一个大个子的金发女人，背上背着大草帽，露出大牙齿来向一个意大利水兵一笑，说了句玩笑话。翠远的眼睛看到了他们，他们就活了，只活那么一刹那。车往前当当的跑，他们一个个的死去了。

翠远烦恼地合上了眼。他如果打电话给她，她一定管不住自己的声音，对他分外的热烈，因为他是一个死去了又活过来的人。

电车里点上了灯，她一睁眼望见他遥遥坐在他原来的位子上。她震了一震——原来他并没有下车去！她明白他的意思了：封锁期间的一切，等于没有发生。整个的上海打了个盹，做了个不近情理的梦。

练习

一、填空题

1. 电车停了，马路上的人(　　　)开始奔跑，在街的左面的人们(　　　)到街的右面，在右面的人们(　　　)到左面。商店一律的(　　　)拉上铁门。女太太们(　　　)一般扯动铁栅栏，叫道："让我们进来一会儿！我这儿有孩子哪，有年纪大的人！"然而门还是关得(　　　)的。铁门里的人和铁门外的人(　　　)对看着，互相(　　　)着。
2. 电车里点上了灯，她一睁眼望见他(　　　)坐在他原来的位子上。她(　　　)——原来他并没有下车去！她明白他的意思了：封锁期间的一切，(　　　)没有发生。整个的上海(　　　)，做了个(　　　)的梦。

二、论述题

1. 封锁突然到来的时候，街上是怎样的一幅景象？
2. 吴翠远是个怎样的女性？请从职业、外貌、性格等方面，找出相应的描写，并加以分析。
3. 吕宗桢是个怎样的男性？请从职业、外貌、性格等方面，找出相应的描写，并加以分析。
4. 你觉得吕宗桢和吴翠远之间有爱情吗？
5. 结合《封锁》的时代背景，你觉得文中"不能想象的巨大的重量"是什么？你怎么理解沦陷区的人们在抗战中的日常生活？
6. 钱钟书的《围城》和张爱玲的《封锁》，题目有着相近的含义，这反映了抗战时期怎样的人生处境？

三、口语表达题

1. 诵读"他们恋爱着了"到"她也就太可怜了"。体会人物的心理。
2. 小说题目叫"封锁"，如果换个题目，你会取什么题目？为什么？

中国现代文学

第十四章

14.1　赵树理：解放区文学的新星

赵树理

在中国现代文学史上，赵树理是一位非常特别的作家。和我们之前讲过的鲁迅、胡适、巴金、老舍等大部分现代作家相比，赵树理没有出过国，留过学，甚至没有出过他所生长的山西，是一位土生土长的地地道道的农民作家。他用农民喜闻乐见的形式，写出了真正表现农村生活、受到农民欢迎的乡土小说，代表了20世纪40年代解放区文学的最高成就，为中国现代文学史贡献了独具特色的农民形象和鲜活的农村生活图景。

赵树理1906年出生于山西沁水县的一个农民家庭。赵树理的家庭，在农村中是属于开明的小康之家。他的祖父学过手艺，办过私塾，家里有十几亩田产，生活在当地属于中上水平。赵树理的父亲也是一个能人，不仅农活、打铁、木工活样样都很能干，而且是个“杂家”，懂一些医卜星相，能给人号脉，开药方，懂风水，会看相，是农村里常见而又难得的“智多星”。赵树理的父亲还是一个民间艺人，是农民俱乐部“八音会”里拉弦的好手。赵树理后来小说中的人物，常常有他父亲的影子，如《小二黑结婚》里的二诸葛、《李有才板话》中的李有才等。赵树理从小随父亲到八音会参加活动，耳濡目染，喜欢民歌、民谣、鼓词、评书和当地戏曲，学会了不少技艺，8岁就会山西的地方戏上党梆子，15岁会大鼓板，“能一个人打动鼓、钹、锣、铉四样乐器，而且舌头大梆子，口带胡琴还不误唱”。这些经历，使赵树理非常熟悉农业生产和北方农村的生活习俗，熟悉农民的文化爱好和欣赏习惯，也培育了他自己对民间艺术土香土色的审美趣味。

赵树理是一个天才的民间艺术家，而他后来接触的“五四”新文化，则使他能够站在民间，同时又超越民间，能用启蒙的视角和批判的立场，来重新思考农民的生活和农村的变迁。

1925 年夏天，赵树理考入山西省立长治第四师范学校，在那里，他受到了新文化的影响。1927 年至 1928 年，由于参加学潮，他被迫离开学校，到处漂泊。很长一段时间，赵树理没有固定的工作，他曾经做过文书，帮人代过课，当过伙计，假扮过郎中、说书人、占卜者，还被土匪捉去入过伙。绝望中，赵树理甚至自杀过。这段丰富的生活经历，对赵树理成为小说家产生了重要的作用。

1931 年，赵树理开始发表作品，他有意识地用通俗文学的形式来写长篇小说。1937 年，抗日战争全面爆发，赵树理投身抗日救亡工作。1940 年至 1941 年，他在华北解放区编辑《黄河日报》等好几家报纸的副刊，写了大量的小说、戏剧、笑话、唱本、快板、歌谣……当时要求"文章下乡"，发动农民，支持抗战，这样的需要，为赵树理实践他的文艺兴趣提供了很好的机会。

早在长治师范学校读书时，赵树理就体会到，不论是"五四"的新文学，还是被介绍到中国来的西方文学，对中国的广大读者来说，尤其是对保守、封闭的农村读者来说，是很难读懂，很难接受的。赵树理曾经将外国文学作品推荐给他父亲看，父亲根本不喜欢。那时，赵树理就有一个愿望："文坛太高了，群众攀不上去，最好拆下来铺成小摊子。"他从现实中感受到，以老百姓喜欢的通俗的文学形式来表现现代思想，可能更适应读者的实际情况，更切实可行。赵树理说，"我不想上文坛，不想做文坛文学家。我只想上'文摊'，写些小本子夹在卖小唱本的摊子里去赶庙会，三两个铜板可以买一本，这样一步一步去夺取那些封建小唱本的阵地。做这样一个文摊文学家，就是我的志愿。"

1943 年，赵树理在农村工作时，根据听到的一个真实的故事，经过艺术概括，写成了著名的短篇小说《小二黑结婚》。这篇小说讲述了小二黑和小芹这对解放区的青年男女自由恋爱，却遭到父母的反对和恶势力的干预，最后在农村新政权的帮助下终成眷属的故事。这部小说 9 月份出版，半年间就发行了 4 万册，创下了新文学作品在农村的畅销纪录。此后，赵树理接连发表了一批紧贴现实，反映农村改革的小说。

同样发表于1943年的中篇小说《李有才板话》，描写了抗战时期山西农村阎家山改选村政权和减租减息的斗争。主人公李有才以板话为武器，与地主阎恒元作斗争，最终机智地夺取了胜利，反映了农民和地主之间复杂尖锐的矛盾，准确而真实地呈现了农村各阶层的心理变动。发表于1945年的中篇小说《李家庄的变迁》，以主人公铁锁的经历为线索，描写了太行山区的李家庄从大革命失败到抗战胜利近20年间的巨大变革，表现了农民与地主的斗争取得的阶段性胜利。

赵树理的小说往往及时反映当时农村中出现的各种问题，比如，短篇小说《福贵》写高利贷盘剥下农民的悲惨命运，《孟祥英翻身》和《传家宝》写农村妇女民主意识的觉醒，语言风趣幽默，现实性强，一发表，就受到农民读者的广泛欢迎，有的被当作学习和宣传的资料，有的被改编成戏剧上演，成为解放区最为风行的作品。

在中国现代文学史上，赵树理被认为是继鲁迅之后最了解农民的作家。与鲁迅不同的是，赵树理着重表现了解放区农民在政治、经济翻身过程中，精神和心理发生的微妙变化，以及家庭关系发生的变化。首先，赵树理塑造了代表革命方向的年轻一代农民的形象。比如，《李家庄的变迁》里的主人公金锁，是李家庄的外来户，一个勤劳、忠厚、憨直的贫苦农民。他安分过日，却遭到地主李如珍等人的欺压迫害，以致破产，为养家糊口去太原做工，又受到军阀欺凌。在共产党员小常的帮助下，他提高了觉悟，团结群众，与地主展开正面斗争，在斗争中逐渐成长，后来参加了八路军，走向了武装斗争的道路。但赵树理最擅长塑造的，还是那些思想落后的老一代农民形象，比如，《小二黑结婚》里的二诸葛、三仙姑，还有《李有才板话》里的老秦，生活在社会最底层，却满脑袋封建等级思想和迷信观念，迷信"官"，却不相信农民能够掌握自己的命运。通过这些老一代的旧农民形象，赵树理告诉我们，在解放区的新社会，尽管这些农民在经济和政治上得到了解放，但在精神上还背负着封建主义的传统思想，精神上要得到真正的解放，还有一个漫长的过程。

赵树理的小说使用了农民喜闻乐见的民间叙事形式，他的第一部长篇小说《盘龙峪》，采取的就是中国传统说书人的叙述语言："没有进过山的人，不知道山里的风俗。盘龙峪这个地方，真算是个山地方了……"可惜当时因为没有资金出版，这部小说只写了10万字左右就搁笔了。《李有才板话》的开头，用一种亲切的说话人的口吻介绍道：

李家庄有座龙王庙，看庙的叫"老宋"。老宋原来也有名字，可是因为他的年纪老，谁也不提他的名字；又因为他的地位低，谁也不加什么称呼，不论白胡老汉，不论才会说话的小孩，大家一致都叫他"老宋"。

好像一个说书人在乡村的空地上，靠着大树，打开了话匣子。赵树理的小说没有太多的风景描写，或者心理描写，而是喜欢讲故事，把人物放在激烈的矛盾冲突中，通过环环相扣的情节，吸引读者充满兴趣地读下去。赵树理还善于抓住人物性格的某个特点，给他们起外号，比如，《"锻炼锻炼"》里的"小腿疼""吃不饱"，不想参加集体劳动，就借口"小腿疼"或者"吃不饱"；《三里湾》里的"糊涂涂""铁算盘""常有理""惹不起"，这些人物的习惯用语或行动，就成了他们的别称，刻画了农民小生产者的狭隘意识，让人印象深刻。赵树理的小说语言是口语化的，不仅人物的对话是纯粹的口语，连叙述的语言也是口语，明白如话，土香土色，朗朗上口，具有可读性。

赵树理是一个真正农民化了的知识分子作家，他完全用老百姓的语言，写老百姓的生活，代表了解放区文学新的方向，在中国现代文学史上创造了独树一帜的赵树理风格。赵树理也将鲁迅开创的农民和农村题材，真正接上了中国的地气，将艺术性和大众化完美地结合起来，被誉为描写农民的"铁笔圣手"，开创了富有影响的文学流派"山药蛋派"。

练习

一、填空题

1. 赵树理是一位土生土长的地地道道的(　　　　)作家,他用农民(　　　　)的形式,写出了真正表现农村生活、受到农民欢迎的(　　　　)。
2. 1943年,赵树理创作了著名的短篇小说(　　　　),讲述了解放区青年男女自由恋爱的故事。
3. 赵树理的小说经常采用中国传统(　　　　)的叙述语言,通俗易懂,引人入胜。
4. 赵树理被誉为描写农民的(　　　　　　),开创了富有影响的文学流派(　　　　　　)。

二、论述题

1. 赵树理的家庭环境与成长经历对他的艺术趣味有什么影响?
2. 赵树理不想做“文坛文学家”,只想做一个“文摊文学家”。“文摊”和“文坛”有什么区别?这表明了赵树理怎样的创作理想?
3. 赵树理对农民的描写与鲁迅有什么不同?
4. 赵树理的小说反映了解放区农村出现的哪些问题?
5. 赵树理塑造了丰富、生动的老一代农民形象,他们有什么特点?赵树理对他们的态度是怎样的?

三、口语表达题

1. 朗读《李有才板话》的开头段落,说一说赵树理的小说在语言和叙事上有什么特点。
2. 请从文中选择赵树理笔下的一个人物“外号”,结合当时的农村社会生活背景,发挥想象力,讲一讲这个人物的性格特点,以及可能发生的故事。

14.2 经典讲读视频

本视频讲读的是赵树理的代表作《小二黑结婚》，时长约 17 分钟。

《小二黑结婚》是赵树理最具艺术魅力的短篇小说，描写了抗战时期解放区一对青年男女为追求婚姻自由，冲破封建传统和守旧家长的阻挠，最终结为夫妻的故事。小二黑和小芹相爱了，被村里人认为是最般配的一对，但他们的结合却遭到了各自父母的反对。小二黑的父亲二诸葛相信命运，认为小二黑和小芹“命相不对”，怕小芹会给小二黑带来不好的运气，为小二黑找了个童养媳。小芹的母亲三仙姑是村里有名的“老来俏”，笼络一帮青年男人在自己周围转来转去，她嫉恨女儿与小二黑的恋爱，对女儿的婚事百般阻挠，还给小芹找了个死了老婆的退职军官，收了人家不少彩礼，并说这是前世姻缘，还装神弄鬼吓唬女儿。村里的恶霸金旺自己喜欢小芹，伙同兄弟兴旺借口要开斗争会，批判小二黑和小芹。最后，解放区的区政府主持公道，批判了二诸葛和三仙姑的封建迷信思想，扣押了金旺、兴旺兄弟，小二黑和小芹回村后幸福地结了婚，成为了村里第一对好夫妻。

视频讲读重点分析了二诸葛和三仙姑这两位旧农民的形象，还分析了以小芹和小二黑为代表的新农民形象和以金旺、兴旺兄弟为代表的恶霸农民形象，分析了小说在故事结构、语言艺术、描写手法等方面的特点，展示了《小二黑结婚》在民族化和群众化方面取得的突出成就。

节选的片段讲述了二诸葛上区里见区长，被区长教训，让他不要干涉小二黑的婚姻自由。

14.3 经典阅读：赵树理《小二黑结婚》片段

二诸葛一夜没有睡，一遍一遍念："大黑怎么还不回来，大黑怎么还不回来。"第二天天不明就起程往区上走，走到半路，远远看见大黑、三个民兵已都回来了，还来了区上一个助理员，一个交通员。他远远就喊叫道："大黑！怎么样？要紧不要紧？"大黑说："没有事！不怕！"说着就走到跟前，助理员跟三个民兵先走了。大黑告交通员说："这就是我爹！"又向二诸葛说："区上添传你跟于福老婆。你去吧，没有事！二黑跟小芹两个人，一到区上就放开了。区上早就说兴旺跟金旺两个人不是东西，已经把他两个人押起来了，还派助理员到咱村开大会调查他们横行霸道的证据。我赶到那里人家就问罢了，听说区上还许咱二黑跟小芹结婚。"二诸葛说："不犯罪就好，结婚可不行，命相不对！你没有听说添传我做什么？"大黑说："不知道，大约也没有什么大事。你去吧，我先回去告我娘说。"交通员说："老汉！这就算见了你了！你去吧，我再传那一个去！"说了就跟大黑相跟着走了。

二诸葛到了区上，看见小二黑跟小芹坐在一条板凳上，他就指着小二黑骂道："闯祸东西！放了你你还不快回去？你把老子吓死了！不要脸！"区长道："干什么？区公所是骂人的地方？"诸葛不说话了。区长问："你就是刘修德？"二诸葛答："是！"问："你给刘二黑收了个童养媳？"答："是！"问："今年几岁了？"答："属猴的，十二岁了。"区长说："女不过十五岁不能订婚，把人家退回娘家去，刘二黑已经跟于小芹订婚了！"二诸葛说："她只有个爹，也不知逃难逃到哪里去了，退也没处退。女不过十五不能订婚，那不过是官家规定，其实乡间七八岁订婚的多着哩。请区长恩典恩典就过去了……"区长说："凡是不合法的订婚，只要有一方面不愿意都得退！"二诸葛说："我这是两家情愿！"区长问小二黑道："刘二黑！你愿意不愿意？"小二黑说："不愿意！"二诸葛的脾气又上来了，瞪了小二黑一眼道："由你啦？"区长道："给他订婚不由他，难道由你啦？老汉！如今是婚姻自主，由不得你了，你家养的那个小姑娘，要真是没有娘家，就算成你的闺女好了。"二诸葛道："那也可以，不过还得请区长恩典恩典，不能叫他跟于福这闺女订婚！"区长说："这你就管不着了！"二诸葛发急道："千万请区长恩典恩典，命相不对，这是一辈子的事！"又向小二黑道："二黑！你不要糊涂了！这是你一辈子的事！"区长道："老汉！你不要糊涂了；强逼着你十九岁的孩子娶上个十二岁的小姑娘，恐怕要生一辈子气！我不过是劝一劝你，其实只要人家两个人愿意，你愿意不愿意都不相干。回去吧！童养媳没处退就算成你的闺女！"二诸葛还要请区长"恩典恩典"，一个交通员把他推出来了。

练习

一、填空题

1.《小二黑结婚》开头介绍刘家峧两个无人不晓的神仙，一个是前庄上的(　　　　)，一个是后庄上的(　　　　)。

2.《小二黑结婚》创作于(　　　　)年，表现了解放区(　　　　)恋爱的新风，终于战胜了(　　　　)婚姻的陋习，整篇小说给人以光明和进步的力量。

二、论述题

1. “二诸葛”和“三仙姑”这两个人的外号是怎么得来的？分别表现了他们怎样的性格特点？

2. 二诸葛为什么反对小二黑和小芹结婚？他觉得小二黑的婚姻应该是怎样的？

3. 区长是怎么处理恶霸农民金旺、兴旺兄弟的？

4. 区长和二诸葛对婚姻的看法有什么不同？这种差异反映了解放区农村婚姻观念怎样的变化？

5.《小二黑结婚》在民族化和群众化方面取得了非常突出的成就。主要表现在哪些方面？

三、口语表达题

1. 你觉得二诸葛是个令人讨厌的父亲吗？请说说你的理由。

2. 和同学分角色朗读《小二黑结婚》节选的片段，体会二诸葛见到区领导后的心理变化。

3. 欣赏《小二黑结婚》电影插曲《清粼粼的水蓝莹莹的天》，说一说歌曲反映了怎样的农村生活，表达了农民怎样的心情。

中国现代文学

第十五章

15.1　第一次文代会：走向当代文学

中国现代文学以 1917 年的文学革命为开端，以 1949 年的第一次文代会为终结，前后差不多三十年。抗日战争将中国划分为国统区、解放区和沦陷区几个大的区域，这几个区域的文学呈现出了不同的面貌。1945 年 8 月 15 日，日本宣告无条件投降，中国结束了长达十四年的抗日战争。战争结束后，作家们纷纷复员，回到北平、天津、上海、南京等城市，恢复文学杂志和文学创作。人们普遍认为，中国文学将进入一个新的发展阶段。但抗战胜利不久，国民党和共产党就卷入了内战，因为“救亡图存”的目标在抗战期间团结在一起的作家们，出于不同的政治立场和文学观念，发生分裂，对文学的未来也有不同的看法。文学界的不同流派、不同力量，自觉或不自觉地被纳入“光明的中国之命运和黑暗的中国之命运”的政治选择之中。

在国共内战的过程中，蒋介石领导的国民党政权暴露出种种弱点，政治腐败，经济崩溃，民不聊生；而毛泽东领导的中国共产党的优势则越来越明显，逐渐得到全国人民的广泛拥护。在共产党领导下的左翼作家，和与国民党政权有密切关系的右翼作家之间，是广泛的中间阶层作家，比如，老舍、巴金、曹禺、穆旦等，都是不“左”不“右”的中间作家。战后，由于对国民党统治的失望，加上毛泽东《在延安文艺座谈会上的讲话》精神的吸引，以及左翼作家们的积极争取，这些中间作家普遍表现出对左翼文学的理解和靠拢。

中间阶层作家里面，还有一支非常重要的文学力量，就是以沈从文等人为代表的自由主义作家，他们主张文学的独立性，反对文学与政治和商业的结合。他们从思想自由的立场出发，对内战的双方国民党和共产党都持批评谴责的态度。1946 年，沈从文回到北平，任北京大学教授，同时参与北平、天津、上海等地好几份文学刊物的编辑，以“京派”为首的自由主义作家发表大量作品，非常活跃。

在 20 世纪 40 年代后期的文学界，虽然存在着各种思想艺术倾向的作家和文学流派，但只有左翼文学有着明确清晰的文学目标，而且具有左右文学走向的力量。尤其到了 1948 年，随着共产党在战场上的节节胜利，由守转攻，政治局势逐渐明朗，左翼文学界的领导和作家们纷纷意识到，文学的方向应该与社会政治的转折同步，应该将解放区“文艺为工农兵服务”的方向推广到全国。1948 年初，之前转移到香港的左翼文化人士，根据作家们的阶级立场和阶级意识、对共产党领导的革命运动和左翼文学的态度、作品可能发挥的政治作用等标准，将 40 年代的作家和文学派别划分为革命作家、进步作家和反动作家三种类型，一边团结革命的左翼作家，争取进步的中间作家，一边批判打击反动作家。沈从文就被归入“反动作家”的行列，受到严厉的批判。

1949 年初，国民党政权崩溃，迁往台湾，中国共产党最终赢得革命胜利。1949 年 10 月 1 日，毛泽东在北京天安门城楼向全世界宣告，中华人民共和国成立。面对社会政治的剧烈转折，一部分作家选择南下，离开中国大陆，迁往中国台湾、中国香港、美国等地，如胡适、梁实秋、张爱玲等。但大多数作家怀着对创建独立的民族国家的愿望，留在大陆，迎接新时代的到来。还有一些当时在国外的作家，如老舍、曹禺、穆旦等，也辗转回到国内。1949 年初，北平已经被确定为未来的首都，大批作家进入北平。3 月，郭沫若等人提议并开始酝酿召开全国性的文艺工作者的会议。经过 3 个多月的筹备，7 月 2 日，在人民解放军向南方各省势如破竹的进军声中，在新中国即将诞生、中华民族历史即将揭开光辉一页的日子里，中华全国文学艺术工作者代表大会在北平举行，史称“第一次文代会”。

大会召开的前一天，全体代表到天安门参加北平市庆祝“七一”中国共产党诞辰二十八周年纪念大会。会场有三万多人，红旗招展。下午六点多，突然下起了暴风雨，文代会代表作为一个方队，与解放军战士和社会各界代表共同经历了这场“突如其来”的大雨的“洗礼”，全场不动，大家就在大雨里淋着。暴风雨过后，庆祝会在庄严的国际歌声中正式开始。俞平伯的新诗《七月一日红旗的雨》，生动记载了当天的经历和激动的心情：

这里，充满着感激的颜色，
振动着和谐雄壮的歌声，
大幅的红旗，圆圈招飏，
闪烁的银灯，断续照明，
马、恩、列、斯的巨像，
高标半空，
如伟大的导师们亲临。

风来啦，
雨来啦，
但风，吹不动期待的真心，
这雨，浇不湿鼓舞的热情，
部队的兄弟们说“不怕！”
大家都不怕啊，
我们同在风雨之中，
歌唱，舞蹈，高呼，
整个儿的广场激动起来
跟无情的风雨斗争。

7月7日，文代会再次休会，全体代表冒雨参加庆祝抗战胜利的“七七”纪念大会，代表们接受了一次规模更大、更震撼人心的“洗礼”。在人声鼎沸的广场上，像俞平伯这样没有经历过炮火的作家们，得到强大的心理感召，他们直观地认识到中国共产党和中国人民解放军的伟大力量，确信一个代表了人民的新的“大时代”即将到来。

第一次文代会于7月2日正式召开，7月19日结束，前后历时两个多星期。经过严格的代表资格审查，大会共有代表824人，实现了国统区作家和解放区作家的大会师，来自农村、城市和部队的三部分文艺工作者的大会师。会场的舞台上方悬挂着巨型的会徽，图案为毛泽东主席和鲁迅先生的头像，毛泽东、周恩来、叶剑英等最高领导人出席大会并讲话，整个大会穿插秧歌表演，气氛团结而热烈。

那么，为什么说“第一次文代会”标志着中国现代文学的终结，中国当代文学的开始呢？尽管文学环境、文学倾向和表现内容不同，在抗日战争期间，国统区、沦陷区和解放区的文学活动都有所增长，贡献了反映时代、风格各异的文学作品。在第一次文代会上，以毛泽东《在延安文艺座谈会上的讲话》为指导，以延安文学为代表的“文艺为工农兵服务”的方向，被规定为新中国唯一正确的文艺方向，解放区文学的主题、人物、艺术方法和语言，解放区开展文学运动和文学斗争的方式，都被作为最重要的经验在作家们中推广、学习、继承。

第一次文代会成立了“专管文化艺术部门”的组织机构——中华全国文学艺术界联合会，简称“全国文联”，是国家和执政党对作家、艺术家进行组织管理领导的机构。全国“文联”下属的电影、美术、文学等各个协会，也先后成立。这些协会中，最重要的中华全国文学工作者协会，简称“中国作协”。文代会后，《文艺报》和《人民文学》陆续创刊，作为全国文联和中国作协对文学界进行思想领导的重要刊物。在地方层面，各省市又有自己的“文联”或“作协”。文学作品的题材、主题和风格，作家的生存方式和写作方式，作品的出版、阅读和批评等文学活动，都发生了重大的变化，中国现代文学结束了不同社团、不同流派、不同力量相互抗衡的发展历程，进入了逐渐“一体化”的当代文学。

练习

一、填空题

1. 1949年7月2日在北平召开的(　　　　　　)，标志着中国现代文学的终结，中国文学由此开始了(　　　　　)阶段。

2. 第一次文代会实现了(　　　)作家和(　　　)作家的大会师，来自(　　　)、城市和(　　　)的三部分文艺工作者的大会师。

3. 第一次文代会成立了专门主管文艺的全国性机构(　　　　　　　)和作家机构(　　　　　　)，分别创办了机关刊物《文艺报》和(　　　　)。

二、论述题

1. 1948年香港发动的文艺批判将作家们划分为哪三种类型？沈从文被划为什么作家？

2. 为什么说“第一次文代会”标志着中国现代文学的终结，中国当代文学的开始？

三、口语表达题

1. 阅读俞平伯的诗歌，说一说参加文代会的作家们的感受和心情。

2. 学习完“中国现代文学”课程，你对“为什么外国人要学习中国现代文学？”这个问题有了哪些新的、更深的认识？请说一说你的感受以及学习这门课的收获。

参 考 书 目

1. 钱理群、温儒敏、吴福辉:《中国现代文学三十年(修订本)》,北京大学出版社 1998 年。

2. 杨联芬:《中国现代小说导论(第 2 版)》,北京师范大学出版社,2010 年。

3. [捷] 雅罗斯拉夫·普实克:《抒情与史诗——中国现代文学论集》,李欧梵编,郭建玲译,上海三联书店,2010 年。